Laura Prat de Seabra

BORDEAUX
chic & trendy

MODE, RESTOS,
DÉCO ET SORTIES
INSOLITES...

Illustrations
Catherine
Prat de Seabra

LES BEAUX JOURS

À mes chers grand-parents, qui ont été les premiers
à déambuler heureux dans les rues de Bordeaux…

Sommaire

FEMINIST

Quartier

SAINT-PIERRE SAINT-PAUL

PLACE DE LA BOURSE

PLACE DU PARLEMENT

RUE DU PAS-SAINT-GEORGES

COURS D'ALSACE-ET-LORRAINE

PLACE FERNAND-LAFARGUE

QUAI RICHELIEU

PORTE CAILHAU

RUE SAINT-RÉMI

GROSSE CLOCHE

Nous voilà au cœur de la mode et de l'art de vivre à la bordelaise. Un vent jeune et dynamique souffle sur ces ruelles pavées qui conjuguent avec brio trésors historiques et adresses branchées. Étudiants et touristes se disputent les places en terrasse de ce coin de paradis qui ne dort jamais.

Repaire de modeuses

BACKSTAGE VINTAGE STORE

Esther ne propose dans son dépôt-vente de luxe ni fripes défraîchies, ni portants poussiéreux, mais une très jolie sélection de pièces griffées à prix cassés. Dans cet écrin de bois blanc et de pierre bordelaise, les jeans Acne Studios, les pulls Hermès et les robes Alaïa côtoient les parfums Nicolaï et les bougies Maison Louis Marie. Vous y dénicherez aussi joaillerie, chapeaux, escarpins, écharpes neuves et bijoux de créateurs. De quoi se relooker de pied en cap sans se ruiner – toute l'année.

14, rue Maucoudinat / Tram A Sainte-Catherine
09 86 29 81 45
backstagevintagestore.com
Fermé le dimanche et le lundi matin

Temple de la mode

MA PREMIÈRE BOUTIQUE

Du beau et du pointu dans ce multimarque indépendant, où sont présentés vêtements signés Isabel Marant Étoile, Acne Studios ou Laurence Bras, mais aussi des sacs Jérôme Dreyfuss, des baskets Golden Goose et des bijoux de créateurs qui montent comme Stone, Vanessa de Jaegher ou Céline d'Aoust. Au programme : silhouettes trendy, looks mixés et coloris tendance. Un secret à ne pas répéter ? En période de soldes, il est possible de dénicher ici une petite robe Forte Forte ou une indémodable veste Golden Goose à moitié prix...

11, rue Maucoudinat / Tram A Sainte-Catherine
05 56 81 57 01
Fermé le dimanche et le lundi matin

L'odeur des rêves

LE NEZ INSURGÉ

Le Nez Insurgé est au parfum ce qu'une galerie d'art est à la peinture. Chaque fragrance y est un appel au voyage et une ode à l'imaginaire. Ainsi, un rouge à lèvres doux et poudré, un air d'opéra, un paysage de Russie enneigé ou même un cheval au galop peuvent surgir des flacons vendus ici. Alors, laissez-vous guider par Dorothée, la magicienne des lieux, qui vous aidera à trouver celui qui vous sied, comme on choisit un vêtement qui tombe bien. La maison ne propose que des jus de créateurs, audacieux et novateurs, à l'instar des rarissimes parfums Malbrun – dont Le Nez Insurgé est le seul point de vente en France. Quant à sa gamme de cosmétiques suédois ultra naturels L:A Bruket, au doux parfum de fleurs sauvages, elle vous fera défaillir.

32, rue du Pas-Saint-Georges / Tram A Sainte-Catherine
09 81 25 63 18
lenezinsurge.com
Fermé le dimanche et le lundi matin

Pluie de fantaisie

MATSAÏ MARA

Ami(e)s du bijou fantaisie, c'est chez Mathilde – surnommée Matsaï par ses amis – que cela se passe. Impossible de faire l'impasse sur cette ravissante adresse de la rue du Pas-Saint-Georges tant la quantité de bijoux présentés y est impressionnante. Et difficile de ne pas trouver son bonheur parmi les nombreux modèles proposés ou les créations uniques fabriqués dans l'atelier de Mathilde. Outre cette généreuse sélection de bijoux fins et colorés, vous trouverez aussi des vêtements : Yerse, Belair et autres jolies marques. À savoir : la livraison est offerte pour tout achat en ligne !

20, rue du Pas-Saint-Georges / Tram C Place-de-la-Bourse
05 56 81 35 61
matsai-mara.com
Fermé le dimanche et le lundi matin

Du poisson à la criée

LE PETIT COMMERCE

Le Petit Commerce, au cœur de la très gourmande rue du Parlement Saint-Pierre, est une authentique institution où se ruent chaque jour 300 gourmands pour déguster coquillages du Bassin et poissons fraîchement débarqués de la criée d'Arcachon... Une table en terrasse à la belle saison, un plateau d'huîtres arrosé d'une bouteille sélectionnée par la star des vignobles Bernard Magrez... il n'en faut pas plus pour être heureux. Un conseil de puriste pour finir : le mollusque ne se gobe pas, mais se déguste bien mâché, avec son pied – et sans vinaigre !

22, rue du Parlement-Saint-Pierre / Tram C Place-de-la-Bourse
05 56 79 76 58
Ouvert tous les jours

Voyage en Californie

KOKOMO CANTINE AMÉRICAINE

Si *Kokomo*, la célèbre chanson des Beach Boys, fait allusion, avec ses notes suaves, au climat tropical de la Floride, c'est en Californie que le chef, Damien Menaldo – un ancien de la Tupina (voir p. 106) formé auprès d'Alain Ducasse – a puisé son inspiration et son savoir-faire. Résultat ? Des burgers 100 % américains servis à toute heure de la journée. La viande fournie par des producteurs locaux est hachée sur place, le fromage est affiné et les frites sont préparées maison. Autre star de la maison à goûter : le cheesecake arrosé de citronnade maison, s'il vous reste encore un peu d'appétit. Le tout dans un décor arty, avec vue imprenable sur la pittoresque place Fernand-Lafargue. À noter : le café éponyme au bout de la rue, vaut aussi le détour pour ses salades ultra fraîches et sa cuisine healthy.

9, place Fernand-Lafargue / Tram A Sainte-Catherine
05 57 30 28 85
Ouvert tous les jours

Du producteur à l'assiette

BELLE CAMPAGNE

Belle Campagne, c'est l'histoire de deux jeunes passionnés en quête d'authenticité qui, après un passage pour l'un au Mama Shelter à Paris et pour l'autre à l'Hôtel de Sèze (quatre étoiles) à Bordeaux, ont eu l'idée de mitonner avec amour des plats riches en saveurs avec des produits bio de saison livrés par les producteurs de la région – servis dans un décor cosy. Au comptoir ou à table vous seront proposés, selon la saison et l'humeur, des frites au jus de viande et à la persillade, une mousse d'œufs brouillés à la truffe noire du Périgord ou encore un foie gras à l'Armagnac et son pain croustillant à la châtaigne. De quoi étourdir les papilles.

15, rue des Bahutiers / Tram A Place-du-Palais
05 56 81 16 51
belle-campagne.fr
Ouvert tous les soirs sauf les dimanche et lundi

Bio, bon et beau

LA CAGETTE

Après avoir vécu partout dans le monde ou presque, c'est dans sa ville natale, Bordeaux, que Tim, ex-designer de mode, globe-trotter et gourmet, a finalement posé ses valises. Dans la Cagette de Tim et de son chef, Nicolas Toffin – un ancien du Sailfish (pour les connaisseurs du cap Ferret) –, vous ne trouverez que du sain et du locavore. Selon l'humeur du patron, vous pourrez goûter une salade de morue salée, aïoli, œuf, mizuna, échalotes et croûtons ou encore des lasagnes à la saucisse et butternut, entre autres merveilles. Ne manquez sous aucun prétexte le brunch du dimanche qui a fait la réputation du lieu : les œufs brouillés aux œufs de truite et chantilly à l'aneth sont à se damner.

8, place du Palais / Tram A Place-du-Palais
09 80 53 84 35
lacagette.com
Fermé le dimanche soir et le lundi

Un dernier verre après le ciné

Le vieux quartier Saint-Pierre regorge de vie en toute saison. Pour sortir à la nuit tombée, il n'y a que l'embarras du choix. Côté cocktails, **La Comtesse**, sa cave mystérieuse et ses mojitos framboise très prisés, mais aussi **L'Alchimiste**. À quelques encablures, on trouve **La Vie Moderne** ou **Aux Quatre Coins du Vin** et ses grands crus au verre. Envie de grignoter sur le pouce ? **Le Capperi** (toute la Sicile dans 9 m^2) vous prépare les meilleures pizzas de la ville tandis que, plus exotique, le bar à dim sum de **Madame Pang** offre ses cocktails bio et bouchées vapeur dans une exquise ambiance tamisée.

LA COMTESSE

25, rue du Parlement-Saint-Pierre
Tram C Place-de-la-Bourse
05 56 51 03 07
Ouvert tous les jours

L'ALCHIMISTE

16, rue du Parlement-Saint-Pierre
Tram C Place-de-la-Bourse
05 56 48 11 82
lalchimistebordeaux.com
Fermé le dimanche et le lundi

LA VIE MODERNE

72, cours d'Alsace-et-Lorraine
Tram A Sainte-Catherine
05 56 38 12 26
Fermé le dimanche

AUX QUATRE COINS DU VIN

8, rue de la Devise
Tram A Place-du-Palais
05 57 34 37 29
aux4coinsduvin.com
Fermé le dimanche

CAPPERI-PIZZAIOLI ITALIANI

3, rue de la Cour-des-Aides
Tram C Place-de-la-Bourse
05 56 90 93 05
capperi.fr
Fermé le lundi et le mardi

MADAME PANG

16, rue de la Devise
Tram A Sainte-Catherine
05 64 28 58 36
madamepang.com
Fermé le dimanche et le lundi

Félines gourmandises

LE COMPTOIR DES CHATS

Le premier bar à chats bordelais a ouvert ses portes en décembre 2016 à deux pas de la Grosse Cloche. Inspiré des neko cafés japonais, ce salon de thé propose de savourer pâtisseries, thés, chocolats et autres douceurs bio préparées maison avec un adorable chaton lové sur les genoux. Dix créatures à quatre pattes arpentent les étagères, empruntent des ponts de bois et filent entre les jambes des clients. Les coussins se font moelleux et les conversations feutrées pour ne pas brusquer les animaux... Pour rendre visite aux félins, prévoyez d'arriver un peu tôt, les petites bêtes sont déjà de vraies vedettes et la file d'attente s'étire dans l'après-midi !

8, rue Pierre-de-Coubertin / Tram A Sainte-Catherine
Fermé le dimanche et le lundi

La crème de la crème

FROMAGERIE DERUELLE

Voilà déjà quelques années qu'Élodie – une passionnée de fromages qui a fait ses armes au sein des très réputées Halles de Lyon – affine dans le secret de son arrière-boutique le meilleur de l'Hexagone. Son credo ? Sélectionner des producteurs de toutes les régions pour la qualité de leurs fromages mais aussi et surtout pour leur respect du bien-être animal. Cerise sur la tomme, la maison propose chaque jour des en-cas sucrés et salés tout frais : fontainebleau, cheesecake, tiramisu, panna cotta, ravioles à la truffe et tartes salées. Le produit star de la maison ? La liqueur au lait de chèvre, qui impressionnera à coup sûr vos convives.

66, rue du Pas-Saint-Georges / Tram A Sainte-Catherine
05 57 83 04 15
fromagerie-deruelle.com
Fermé le dimanche et le lundi matin

Du grain à moudre

VERDE NERO

Haut lieu de dégustation et de torréfaction, le Verde Nero offre le meilleur du café de spécialité aux amateurs d'arabica et autres grands crus sur plus de 100 m² dédiés à la petite graine noire – et ses accessoires : filtres, tasses, cafetières. Des cafés rares, en provenance des quatre coins du globe, sélectionnés par Tarik, le chef passionné, qui connaît l'histoire de chaque plantation. Et si vous voulez un joli dessin à la crème dans votre tasse, commandez un latte macchiato ; Mickaël, le barista, est champion de France et peut-être futur champion du monde de latte art. La maison organise régulièrement des ateliers. Après le brunch ou le goûter, vous repartirez avec un sachet de café torréfié et moulu sur place – à moins que vous ne restiez pour un atelier découverte ?

24, rue des Ayres / Tram A Sainte-Catherine
05 57 34 46 41
verdenero.fr
Atelier sur inscription : 40 €
Ouvert tous les jours

Kawaï à souhait

JAPAN MARKET

Nul besoin d'un voyage au pays du Soleil-Levant pour dévorer de délicieuses *ramen*, ces roboratives nouilles au bouillon parfumé agrémenté de légumes et de viande, ou de délicieux sushis, makis et autres sashimis tout frais, faits maison, à déguster sur place ou à emporter. Outre ce dépaysement culinaire, Japan Market propose tout ce qu'il faut pour se mettre soi-même à la cuisine nippone, de la vaisselle aux produits frais ou secs en passant par les sodas et les bonbons aux emballages pop. Et inutile de savoir lire les idéogrammes : les charmantes vendeuses sont là pour vous aider !

27, rue Saint-James / Tram A Sainte-Catherine
09 84 01 45 29
japan-market.fr
Fermé le dimanche et le lundi matin

De belles toiles

UTOPIA

Difficile de se douter au premier abord que la grande église Saint-Siméon trônant sur la place Camille-Jullian abrite désormais un cinéma d'art et d'essai. Sa programmation pointue, ses tarifs abordables et ses soirées débats ont conquis depuis longtemps le cœur des Bordelais. Ici, le spectacle n'est pas seulement sur la toile mais également dans les salles de projection qui, remplies d'objets chinés et de tapisseries d'époque, nous font voyager dans le temps. Avant ou après le film, le Café de l'Utopia est un endroit atypique et convivial pour manger un morceau entre cinéphiles.

5, place Camille-Jullian / Tram A Sainte-Catherine
05 56 52 00 03
cinemas-utopia.org
Ouvert tous les jours

Galerie et librairie d'avant-garde

LA MAUVAISE RÉPUTATION

Si l'on vient dans cette librairie pour sa formidable sélection de romans, de bandes dessinées, de beaux-livres et même de littérature coquine, on aime aussi son ambiance chaleureuse, ses affiches et produits dérivés. Une adresse qui a plus d'un tour dans son sac puisqu'elle abrite également, de l'autre côté de la rue, une galerie d'art accueillant de nombreux artistes français et étrangers comme Jacques Villeglé ou Joël Hubaut. Un régal pour les amateurs de graphisme et d'art contemporain.

10 (librairie) et 19 (galerie), rue des Argentiers / Tram A Place-du-Palais
05 56 79 73 54
lamauvaisereputation.free.fr
Librairie fermée le dimanche matin,
galerie ouverte du mercredi au samedi après-midi

Jardin vertical

SQUARE VINET

Loin de l'agitation de la rue Sainte-Catherine, perdez-vous un instant dans les ruelles pavées du vieux Saint-Pierre et laissez-vous étonner par ce jardin vertical de 400 m^2 – le plus grand jamais conçu à ce jour – réalisé par le botaniste Patrick Blanc. Au pied de cette œuvre végétale, fruit d'une recherche scientifique et artistique poussée, un jardin pour enfants avec jeux et jet d'eau dissimulé dans une alcôve. L'endroit secret idéal pour un bain de soleil loin de la foule.

Rue Vinet / Tram A Place-du-Palais
Ouvert tous les jours

Le culte de l'art

ESPACE SAINT-RÉMI

Tombée en désuétude et vidée de son mobilier lors de la Révolution française, Saint-Rémi, modeste église de style gothique habilement restaurée par la mairie, offre désormais des expositions temporaires d'une grande diversité. Photographies, peintures, sculptures, street art, graphisme, bande dessinée, mais aussi théâtre et concerts prennent tour à tour leurs quartiers sous les voûtes de pierre blonde. Une halte calme, gratuite (exceptionnellement certaines expositions sont payantes) et hors du temps, à deux pas de la très animée rue éponyme.

4, rue Jouannet / Tram C Place-de-la-Bourse
05 56 44 01 58
Horaires variables

Quartier

SAINT-CHRISTOLY SAINTE-EULALIE

PLACE PEY-BERLAND

RUE SAINTE-CATHERINE

RUE DES TROIS-CONILS

RUE DE LA PORTE-DIJEAUX

RUE DES REMPARTS

COURS PASTEUR

RUE DU HÂ

MÉRIADECK

RUE PAUL-LOUIS-LANDE

Entre l'hôtel de ville et l'étonnant palais de justice se concentrent nombre de commerces et de monuments bordelais. Autour de la bouillonnante rue Sainte-Catherine, les bars à cocktails côtoient les fleuristes de charme et des salons de thé gourmands se cachent près de la porte Dijeaux.

Fées du shopping

LES SISTERETTES

Derrière la devanture bleu turquoise bien connue des Sisterettes se cache une joyeuse sélection de griffes tendance (Vintage Love, La Petite Française ou Lenny B. : tout y est) concoctée par deux sœurs, Céline et Amandine, férues de robes et de petits hauts aux couleurs acidulées et qui mettent un point d'honner à ne choisir et vendre que leurs coups de cœur. C'est ainsi que l'on se presse ici chaque semaine pour découvrir et essayer de jolies nouveautés made in France, en courtes séries et à prix tout doux…

60, rue des Remparts / Tram A ou B Hôtel-de-Ville
09 81 95 63 23
lessisterettes.fr
Fermé le dimanche

Topissimo

DES PETITS HAUTS

On ne présente plus la délicieuse griffe des sœurs Katia et Vanessa Sanchez, créatrices de tops sucrés et pétillants comme des bonbons. Mais, depuis l'ouverture de leur boutique dans le quartier, plus la peine de courir les multimarques pour dénicher ces blouses, pulls, tee-shirts et gilets au style frais, aux couleurs poudrées et vitaminées. Vous y trouverez également les sacs, chaussures et autres accessoires arborant la discrète étoile dorée. Féminité et douceur, que demander de plus ?

5 bis, rue de Grassi / Tram B Grand-Théâtre
01 75 44 05 89
despetitshauts.com
Fermé le dimanche

Créateur d'exception

MARC DELOCHE

Dans sa boutique bordelaise, Marc Deloche, architecte de formation, présente ses bijoux aux lignes épurées, dessinés et fabriqués dans son atelier toulousain. Si l'argent a sa préférence, il décline également l'or et les pierres semi-précieuses. Une fois par an émerge une collection haute joaillerie présentée à l'hôtel Costes, à Paris, dont quelques pièces sont ensuite revisitées pour être vendues à prix abordable en boutique. La collection enfants, aux lignes fines et douces, fera aussi le bonheur des mamans – ou des shoppeuses malignes.

17, rue du Temple / Tram B Gambetta
05 56 30 55 50
marc-deloche.com
Fermé le dimanche

Cosmétique DIY

DR JERRY & MR LOVE

Ici, les crèmes, écologiques et économiques, sont à emporter en kit. Les belles étagères en bois de la boutique regorgent de principes actifs naturels, d'huiles végétales à la fontaine, d'hydrolats et autres huiles essentielles. On choisit ses produits, on apporte son récipient ou on en achète un et on repart avec la fiche recette : vive le zéro déchet ! Et pour celles qui ne se sentent pas l'âme de petites chimistes, des flacons tout prêts sont aussi disponibles, ainsi que des ateliers pour apprendre à concocter sa crème sur mesure pour adultes et enfants. Votre peau vous dira merci !

158, rue Sainte-Catherine / Tram A Sainte-Catherine
05 56 48 16 77
Fermé le dimanche et le lundi

Au paradis des tout-petits

La très jolie place Puy-Paulin regorge d'adresses pour les bambins. **Bonton** est un incontournable et propose des vêtements, accessoires, jouets, parfums d'ambiance et peluches adorables. Plus près de l'hôtel de ville, à la librairie **Comptines**, vous ferez le plein d'histoires, de jeux et de papeterie. Rendez-vous enfin rue des Remparts où deux belles adresses vous attendent : **Fille à Papa** (photo ci-contre) et **Perlin Paon Paon**, pour une déco tout en couleur et en douceur.

BONTON

9, rue Guillaume-Brochon
Tram B Grand-Théâtre
05 56 30 29 05
bonton.fr
Fermé le dimanche

COMPTINES

5, rue Duffour-Dubergier
Tram A ou B Hôtel-de-Ville
05 56 44 55 56
librairiecomptines.hautetfort.com
Fermé le dimanche et le lundi

FILLE À PAPA

18, rue des Remparts
Tram B Gambetta
05 56 44 82 13
fille-a-papa.com
Fermé le dimanche et le lundi

PERLIN PAON PAON

45, rue des Remparts
Tram B Gambetta
05 56 69 14 37
perlinpaonpaon.com
Fermé le dimanche et le lundi

Lignes douces

MURMÜRS

On dénichera dans cette belle boutique de décoration multimarque beaucoup de griffes scandinaves, mais pas seulement. Émilie, qui dirige aussi la boutique Mostra dans le quartier Saint-Pierre, met ici en valeur un style résolument doux, faisant la part belle aux pastels et aux lignes graphiques. Parmi les jolies trouvailles : les fauteuils Normann, la référence de Copenhague, Hartô, la marque française qui monte, ou encore les suspensions Eos en plumes de chez Vita, de véritables petits nuages, prêts à flotter dans votre intérieur.

5, rue Louis-Combes / Tram B Grand-Théâtre
05 56 30 54 04
Fermé le dimanche

Explosion de design

BAAAM

Tous les mordus de design connaissent cette jeune enseigne bordelaise. BAAAM est une marque engagée qui valorise des créateurs et artisans passionnés et si possible français. Du prêt-à-porter à la déco d'intérieur en passant par le rayon bébé, la boutique propose une gamme large et belle. Les habitué(e)s viennent y chercher leur bougie préférée, leur savon fabriqué à froid ou encore le dernier tee-shirt de la collection. On craque pour leurs adorables mugs aux couleurs pop.

20, rue des Remparts / Tram B Gambetta
05 56 81 71 83
baaam.fr
Fermé le dimanche

Graine de génie

LES HERBES FAUVES

Vous en avez assez de la raideur des bouquets de fleurs conventionnels ? Dans leur écrin de verdure, Sara et Thimothé composent pour vous des bouquets sauvages et poétiques, composés de fleurs champêtres et de graminées. Sur les étagères vintage, les terrariums côtoient des objets insolites chinés. Des ateliers vous sont aussi proposés pour apprendre à confectionner de ravissantes couronnes de fleurs ou des compositions florales qui apporteront à votre intérieur fraîcheur et naturel.

36, rue de Cheverus / Tram A ou B Hôtel-de-Ville
05 56 52 86 85
herbesfauves.com
Fermé le dimanche et le lundi

Six étages de bonheur

MAMA SHELTER

Le « Mama Bordeaux », parmi les derniers-nés de la chaîne hôtelière déjantée de la famille Trigano (les créateurs du Club Med), bouscule les codes de l'hôtellerie avec cet hôtel « rock and sleep » délicieusement décalé imaginé par le designer Philippe Starck. Accessibles à tous, le restaurant, dirigé par le chef Guy Savoy, la pizzeria et le bar à amis sont devenus des incontournables des nuits bordelaises. Et le dimanche, on s'y presse aussi pour un incroyable brunch. Mais la plus jolie surprise de Mama se situe au dernier étage où, dès le printemps, le rooftop offre l'une des plus belles vues sur Bordeaux, parfaite pour siroter un cocktail entre copains.

19, rue Pocquelin-Molière / Tram B Gambetta
05 57 30 45 45
mamashelter.com
Ouvert tous les jours

Café jungle

L'ALCHIMISTE

Prenez place sur la mezzanine exotique de L'Alchimiste et, entre ses murs « jungle », vous voilà partis pour une pause dépaysante. À la carte, de délicieux cafés de terroir, torréfiés à Bordeaux au Magasin Général de Darwin, et des pâtisseries à tomber (comme la Dune blanche de Chez Pascal (voir p. 46). Pour les récalcitrants à la caféine, le chocolat chaud au lait d'amande ou de soja, ainsi que les sodas naturels aux fruits de saison de la Manufature de Bordeaux sont aussi de vrais régals.

12, rue de la Vieille-Tour / Tram B Gambetta
09 86 48 37 93
alchimiste-cafes.com
Fermé le dimanche et le lundi

Havre de paix

CAFÉMADD

Niché dans la ravissante cour d'un hôtel particulier du XIXe, le café-restaurant du musée des Arts décoratifs et du Design (voir p. 50) vient de se refaire une beauté. L'endroit rêvé pour une pause gourmande et artistique. Bruno Clémente, le nouveau maître des lieux, est un ancien photographe de mode passionné de cuisine. Son credo ? Une carte unique, des produits frais, simples, ayant subi le moins de transformation possible. Le dimanche, des brunchs « rencontres » sont organisés, autour de personnalités artistiques venues de divers horizons : grands chefs, designers ou plasticiens.

39, rue Bouffard / Tram A ou B Hôtel-de-Ville
05 57 34 28 46
madd-bordeaux.fr
Fermé le mardi

Sur le pouce

SPOK

Le concept de Spok (repas healthy préparé sur place) est né à Marseille. Mais cette proposition de cantine urbaine a essaimé dans toute la France. Ainsi, chaque jour, Pascale, la patronne, et son frère Arnaud, le chef, préparent une nouvelle collection de sandwichs, des soupes et deux petits plats mitonnés, tout frais et de saison. Parmi nos préférés, le très gourmand burger au bacon et œufs brouillés ainsi que la salade de riz japonaise au thon, sésame et coriandre. La formule à 10 € avec mini-salade, mini-sandwich et dessert défie toute concurrence.

7, place Saint-Christoly / Tram B Gambetta
05 56 79 18 21
spok.fr
Fermé le dimanche

Rendez-vous à Bangkok

THAÏ PARADISE

Le voyage commence dès le pas de la porte où une grande statue de bois semble vous saluer. À l'intérieur, l'espace chaleureux sent bon les épices. Les plus audacieux choisiront de s'installer autour de l'une des tables traditionnelles posées sur une estrade où l'on mange assis en tailleur. Parmi les spécialités de la maison à goûter absolument : la saucisse à la citronnelle ou les larmes de bœuf grillées au citron vert.

70, rue des Ayres / Tram B Musée-d'Aquitaine
05 56 52 60 43
thaiparadise.fr
Fermé le dimanche et le lundi

Goûter en travaillant

LA BICOQUE

Enfin un salon de thé où l'on peut travailler, lové dans un canapé moelleux. Ce bel espace chaleureux et connecté offre un coin salon et un coin travail. À la disposition de tous, une desserte en formica couverte de rafraîchissements, de thé et de biscuits. Ici, on paye au temps passé (4 € l'heure puis 1 € toutes les vingt minutes, 250 € pour le mois). Un petit creux ? La maison propose des extras bio et frais : pancakes, cookies, gâteaux, bowl salé ou açaï bowl sucré, de la soupe en hiver et du gaspacho en été.

43, rue Bouffard / Tram A ou B Hôtel-de-Ville
06 14 37 53 49
labicoque.fr
Fermé le dimanche et le lundi matin

Épicerie ibérique

JAMON JAMON

Cette épicerie gourmande est sise juste en face du restaurant éponyme. Avec son carrelage d'inspiration espagnole et ses jambons pendus au plafond, on est tout de suite dans l'ambiance. Ici, on vient pour le saucisson à tomber, le jambon Bellota de Pata Negra mais aussi pour les *vinos tintos* (vins rouges), fromages et autres gourmandises à emporter. Idéal pour un apéritif entre amis. Sachez que moyennant 22,90 € par mois, il est possible d'offrir (ou de s'offrir) la « Box », une sélection mensuelle de produits espagnols livrée à domicile.

3, rue Louis-Combes / Tram B Grand-Théâtre
05 56 52 97 75
jamon-jamon.fr
Fermé le dimanche

Le chouchou du Ferret

CHEZ PASCAL

Si vous êtes déjà allés « au Ferret » et que vous avez commis la grave erreur de ne pas goûter les Dunes blanches de Chez Pascal, il est grand temps de vous rattraper avec sa boutique bordelaise. L'enseigne est consacrée à la fameuse chouquette fourrée de crème aérienne et recouverte de sucre glace, dont la recette est tenue secrète et dont le tout Bordeaux raffole. Surveillez les éditions éphémères, celles au café, chocolat, framboise ou encore citron-basilic sont à tomber.

7, rue de la Vieille-Tour / Tram B Gambetta
09 83 97 78 78
Ouvert tous les jours

Mille et une plantes

LE TISANIER D'OC

Il n'existe plus qu'une quinzaine d'herboristes en France. Charles est de ceux-là. Ce pharmacien côtoie les plantes depuis presque trente ans dans sa splendide officine aux allures 1900. Sur les étagères de bois, les effluves des sachets de fleurs rivalisent avec ceux des baumes et des huiles essentielles. Pour leurs vertus médicinales ou simplement pour le plaisir des sens, les tisanes sont ici à l'honneur. Charles et son fils font déguster à chaque visiteur un de leurs « bouillons » de plantes, comme cet original mélange d'hibiscus, réglisse et poivre long. Au passage, demandez à goûter les huiles d'olive ou à sentir les épices, le dépaysement est garanti.

48, rue Bouffard / Tram B Gambetta
05 56 51 12 67
tisanierdoc.com
Fermé le samedi et le dimanche

Croustillante adresse

LE BOULANGER DE L'HÔTEL DE VILLE

Vous êtes ici dans l'une des meilleures boulangeries de la ville, l'une des rares à être encore artisanale. En vitrine, des fougasses, des pains de campagne, de seigle ou aux olives, des brioches et des tartes aux pralines – trahissant l'origine lyonnaise du patron Philippe-Marc Jocteur (très apprécié par les grands chefs de sa région, dont la maison Bocuse). Grégory, le gérant bordelais, l'assure : « Ici, on fait tout sur place comme cela se faisait autrefois. » À en juger le succès de la maison, on le croit sur parole !

76, rue des Trois-Conils / Tram B Gambetta
05 56 11 01 10
boulangeriejocteur.com
Fermé le lundi

De Tokyo à Bordeaux

LA MAISON DU JAPON

Entre ces murs de bambou ornés de tissus chatoyants se décline toute la culture nippone. Des kimonos aux estampes, en passant par les livres, thés, encens, vaisselle, nécessaires à sushis, éventails, bonzaïs et ikebanas. Elle est française, il est originaire du nord du Japon. Le premier restaurant japonais de Bordeaux, c'était eux. Aujourd'hui, dans leur arrière-boutique, ce couple charmant propose des cours pour apprendre à cuisiner le cru, mais aussi à pratiquer la calligraphie, la peinture ou le *chanoyu* (cérémonie du thé) et nous offre régulièrement de singulières expositions.

28, rue de Cheverus / Tram A ou B Hôtel-de-Ville
05 56 79 05 36
maison-japon.com
Fermé le dimanche et le lundi matin
Stage de cuisine 79 €, stage de calligraphie 35 €

Écrin artistique

MUSÉE DES ARTS DÉCORATIFS ET DU DESIGN

Au fond d'une agréable cour se cache un superbe musée qui mérite le détour. Niché dans le bel hôtel de Lalande datant du XVIIIe siècle, le Madd présente une collection de meubles, de céramiques, de pièces d'orfèvrerie et de verrerie datant des XVIIIe et XIXe siècles. Chacune des salles d'exposition est une reconstitution d'un intérieur bordelais, offrant une totale immersion dans l'époque. Les expositions temporaires méritent aussi le coup d'œil. À la fin de la visite, on profite de la terrasse du CaféMadd pour déguster une petite douceur sucrée ou salée (voir p. 41).

39, rue Bouffard / Tram B Gambetta
05 56 10 14 00
madd-bordeaux.fr
Fermé le mardi
Plein tarif : 5 €, tarif réduit : 3 €, gratuit le 1er dimanche du mois

La petite agora

STATION AUSONE

Mollat, la première librairie indépendante de France, n'a pas fini de s'agrandir : elle vient d'inaugurer un nouvel espace culturel venant compléter ses 2 500 m² de livres. Désormais, 300 places consacrées à des conférences, débats, rencontres, expositions et concerts sont à quelques pas seulement des entrées du magasin, juste au bout de la rue de la Vieille-Tour. Derrière la devanture bleue, signature de la maison, l'espace pensé par l'architecte Fabien Mazenc a gardé l'esprit ancien garage de ses origines. Le clou du spectacle : un auditorium de 290 places à l'acoustique irréprochable ainsi qu'un « Studio Ausone » comprenant 300 m² d'espace d'exposition.

8, rue de la Vieille-Tour / Tram B Gambetta
05 56 56 40 40
station-ausone.com

Quartier

QUINCONCES GRANDS-HOMMES JARDIN PUBLIC

COURS DE L'INTENDANCE

PASSAGE SARGET

ALLÉES DE TOURNY

PLACE DES GRANDS-HOMMES

COURS DE VERDUN

PLACE DE LA COMÉDIE

RUE FONDAUDÈGE

RUE CAMILLE-GODARD

RUE DE LA COURSE

Depuis le cours Georges-Clemenceau, où se côtoient les plus grandes enseignes du luxe, jusqu'au Jardin public cerclé d'hôtels particuliers et de maisons bourgeoises, rien ne dépare dans ce quartier paisible à haute valeur ajoutée, quintessence du raffinement et de l'élégance à la bordelaise. Plus accessible qu'il n'y paraît, le Triangle d'or réserve bien des surprises à qui sait où flâner sans se ruiner…

Top secret

JANE DE BOY

Dissimulé au premier étage d'un bel immeuble du Triangle d'or, ce concept-store raffiné a pris ses quartier dans un grand appartement haussmannien, où vêtements griffés triés sur le volet (parfois issus de collaborations avec des créateurs), parfums enivrants, articles de déco et autres petits luxes ont trouvé leur écrin. On aime en particulier le petit salon de lecture façon boudoir qui donne envie de s'attarder, comme si vous étiez en visite chez une amie un peu bohème, résolument avant-gardiste.

8, cours du 30-Juillet / Tram B ou C Quinconces
05 56 30 19 08
janedeboy.com
Fermé le dimanche

Sous la coupole de la mode

& OTHER STORIES

Fraîchement débarquée cours de l'Intendance, dans les locaux d'un ancien restaurant aux dimensions vertigineuses, l'enseigne suédoise, sœur haut de gamme d'H&M, a vu grand. Cette marque très graphique, aux coupes minimalistes et adepte des belles matières, mixe les styles pour tous les budgets grâce à ses studios de création implantés à L.A, Stockholm et Paris. De l'extérieur, rien n'annonce ce vaste temple de la mode féminine, avec ses deux étages et sa jolie coupole. 780 m² de chaussures, sacs, accessoires, produits de beauté et prêt-à-porter.

21, cours de l'Intendance / Tram B Grand-Théâtre
05 40 16 14 50
stories.com
Fermé le dimanche

Perles du Bassin

BY SO.M CAP FERRET & KYOKA

Colorés, frais et bohèmes, les bijoux fantaisie de Sophie sont un hymne au soleil, à l'Océan et à la peau bronzée qu'ils subliment à merveille. Des pièces uniques, fabriquées à la main et sur place : bracelets, colliers, sautoirs et pendentifs XXL, en argent, céramique ou soie, agrémentés de pierres chatoyantes. Marie, alias Kyoka, l'autre créatrice des lieux, est la reine des pochettes et sacs réversibles. On aime tout particulièrement ses sacs en pliage, inspirés des origamis japonais, fonctionnels, élégants et très abordables (entre 16 et 29 €).

8, rue Jean-Jacques-Rousseau / Tram B Grand-Théâtre
06 32 20 15 70
Fermé le dimanche

Hôtel particulier pour cheveux délicats

L'ATELIER DE COLORATION

Retrouver de jolies mèches blondes et soyeuses, un châtain brillant ou un brun plein de nuances, tout en douceur et dans le respect du naturel : c'est la promesse de cet Atelier de Coloration sis sur trois étages d'un hôtel particulier. Un espace feutré et élégant où Lennon, le dalmatien du patron, aura à cœur de vous accueillir chaleureusement. Un conseil ? Profitez du temps de pause du rituel Tokio Inkarami, un soin signature à la kératine, pour admirer le style baroque de Notre-Dame de Bordeaux depuis le balcon.

15, passage Sarget / Tram B Grand-Théâtre
05 56 44 54 24
colors-by.com
Fermé le dimanche

Mieux qu'à l'antique

LES BAINS DE LÉA

Et si on se prenait pour une déesse le temps d'une pause bien-être au sommet d'un des plus beaux hôtels de la ville ? Dans ce spa partenaire de la marque Nuxe, la décoration signée Jacques Garcia est un appel au voyage : colonnade de marbre rouge entourant la piscine intérieure, tisanerie en mezzanine, hammam noir et or, sauna lumineux, fontaine de glace (un distributeur de glace pour se frictionner), cabines de massage... Tandis que les reproductions de tableaux d'Ingres sur les murs célèbrent le corps de la femme, on se détendra dans les vapeurs de miel et de fleurs. Pour 70 €, on s'y prélasse toute une journée, on barbotte dans le jacuzzi du rooftop et le thé est offert. Un rêve éveillé.

InterContinental Bordeaux - Le Grand Hôtel
5, place de la Comédie / Tram B Grand-Théâtre
05 57 99 00 20
bordeaux.intercontinental.com/spa-les-bains-de-lea
Ouvert tous les jours

Un vent de douceur

LA MAISON POÉTIQUE

Le charme discret de la simplicité, le retour à des matériaux naturels, des couleurs douces, voilà le fil conducteur de la sélection proposée par Ludivine Degas, décoratrice bordelaise encensée par la presse, dans sa boutique façon « show room ». Ici, venez débusquer de belles matières et chiper de jolies idées, comme les suspensions suédoises en osier, couvertures en lin, dessertes en bois ou bougies aux senteurs océanes parfaites pour se sentir un peu en vacances chez soi. Autre point fort du lieu, les meubles en acier fabriqués à la demande par Stéphane, le mari de la créatrice.

21, rue Jean-Jacques-Rousseau / Tram B ou C Quinconces
05 56 23 01 33
lamaisonpoétique.fr
Fermé le dimanche

Meubles de collection

GALERIE TOURNY

Dans un immeuble chargé d'histoire, sous lequel la rumeur voudrait que se cache un souterrain, cette sublime boutique de design affiche une sélection ultra pointue de mobilier collector et contemporain référencé, mis en valeur dans un espace vaste et lumineux. Sont rassemblés ici les grands noms de l'histoire du design, en particulier les tenants du Bauhaus ou du modernisme – à l'instar de cette bibliothèque culte signée Charlotte Perriand ou de ces tabourets Le Corbusier –, mais aussi des créateurs d'avant-garde comme Knoll, Cassina ou Poltrona Frau. Un lieu pour découvrir le design, faire des folies mais aussi des bonnes affaires, certaines pièces étant parfois bradées.

23, cours de Verdun / Tram C Jardin-Public
05 56 44 35 48
galerie-tourny.fr
Fermé le dimanche et le lundi

Belle Époque

LE MABLY

Avec sa décoration Art nouveau et ses grandes fenêtres donnant sur Notre-Dame, Le Mably est une institution bordelaise qui vaut le détour. Sa cuisine est à l'image du quartier, élégante et délicate, et le service soigné. De son chef, Pascal Chollet, on connaît bien sûr les fameux ris de veau langoustine, la tête de veau à la bordelaise ou encore les délicieux magrets de canard en croûte. Difficile de résister à la formule à 18 € servie à midi et le soir, surtout à la belle saison, quand on peut prendre place en terrasse au pied de la majestueuse église.

12, rue Mably / Tram B ou C Quinconces
05 56 44 30 10
le-mably.com
Fermé le dimanche

Pasta ou pizza ?

PEPPONE

Qui ne connaît pas Peppone ne peut prétendre être bordelais. Quand l'heure du repas approche, la file d'attente s'étire devant ce joli restaurant italien où l'on s'attable sans réservation. En cause, de savoureuses pizzas traditionnelles, pâtes fraîches et charcuterie italienne découpée juste sous nos yeux. Le secret d'un succès qui dure ? Depuis 1974, la maison utilise des produits frais et d'origines certifiées. Faites un tour à la cave, c'est là que sont entreposées toutes ces belles trouvailles et n'oubliez pas de goûter le jambon de Parme de la maison Galloni, sublime avec un verre de chianti.

31, cours Georges-Clemenceau / Tram B Gambetta
05 56 44 91 05
Ouvert tous les jours

Douceurs sucrées

KURO ESPRESSO BAR

Dans la discrète rue Mautrec, face à l'imposant Grand Hôtel et aux cuisines du Pressoir d'Argent, se niche un repaire gourmand. Pascal, le patron, a vécu sept ans au Canada et ses pâtisseries maison en ont gardé l'accent. Le petit espace chaleureux avec ses tables en bois sent bon les cookies qui cuisent face à nous. On vous recommande le muffin courgettes et cranberries, le thé vert frappé au lait (en été) et le délicieux Chaï latte. Sans oublier l'essentiel : le café dans tous ses états bien sûr ! À déguster dans la petite cour arrière ou assis au comptoir devant la vitrine.

5, rue Mautrec / Tram B Grand-Théâtre
06 37 65 91 29
Fermé le dimanche et le lundi matin

Une plage sur le toit

LA NIGHT BEACH DE L'INTERCONTINENTAL

Au sommet de l'hôtel de luxe InterContinental se cache un rooftop d'exception où l'on bénéficie d'une vue panoramique sur Bordeaux. Canapés, graminées, pin parasol : un avant-goût de l'Océan juste en face du Grand Théâtre. On peut y venir pour une pause déjeuner – la carte est signée Alex Thiebaut, chef de la brasserie Le Bordeaux Gordon Ramsay – ou pour un cocktail sous les étoiles accompagné de tapas. Venez tôt, les meilleures places sont prises d'assaut ! Bonus le mardi soir : une « Ladies Night » au cours de laquelle dames et demoiselles se voient offrir une manucure express, un léger maquillage, voire un tatouage temporaire.

InterContinental Bordeaux - Le Grand Hôtel
2-5, place de la Comédie / Tram B Grand-Théâtre
05 57 30 43 42
ihg.com
Ouvert tous les jours d'avril à octobre

Dans l'antre de Bacchus

LE BAR À VIN

La guerre des vins fait rage à Bordeaux et, avec tant de bars au mètre carré, difficile de s'y retrouver ! Le bar du CIVB (Conseil interprofessionnel du vin de Bordeaux) s'avère alors salvateur. Prenez place sur l'une des banquettes design, face à l'immense vitrail coloré et aux murs de bouteilles, et laissez-vous emporter en toute confiance par la sélection pointue – à accompagner, bien sûr, d'une planchette de charcuterie et de fromage ! Ici, on ne déguste que du bordeaux, et toujours au verre. Une solution idéale pour goûter de grands crus du Médoc, de Saint-Émilion, de Pomerol et de Graves à prix tendres.

3, cours du 30-Juillet / Tram B ou C Quinconces
05 56 00 43 47
baravin.bordeaux.com
Fermé le dimanche

Tout pour le brunch

MY LITTLE ÉPICERIE

Dans la caverne d'Ali Baba de Karine Delperier, on ne trouve que des produits gourmands – et beaucoup de sucré. Karine a rudement bon goût et ne propose que des mets qu'elle consomme elle-même : miel, biscuits, jus de fruits artisanaux, sodas made in Bordeaux, farandole de chutneys, mais aussi du bon pain norvégien, des confitures, les sublimes tablettes de chocolat Chapon ou encore le fameux chocolat en poudre Angelina. Sans oublier les excellents granolas Catherine Kluger. De quoi ravir vos convives à l'heure du goûter ou du petit déjeuner !

10, place des Grands-Hommes / Tram B Grand-Théâtre
05 40 00 18 06
my-little-epicerie-bordeaux.fr
Fermé le dimanche

Tout un fromage

JEAN D'ALOS

Il n'existe qu'une poignée de véritables affineurs en France et la maison d'Alos en fait partie. Au-dessous de la belle boutique que le maître des lieux qualifie d'« étable moderne », les caves labyrinthiques du XVe siècle sont remplies de meules et autres fromages en cours d'affinage que Clarence Grosdidier reçoit de producteurs triés sur le volet. Avec son talent pour développer tous les arômes de ses trouvailles, il connaît un succès considérable jusqu'aux États-Unis où il fait partie des cent meilleurs fromagers étrangers, selon *Wine Spectator*. Si vous ne savez que choisir parmi les cinquante variétés proposées en boutique, testez donc la gamme « signature » du patron : une excellente mise en bouche.

4, rue Montesquieu / Tram B Gambetta
05 56 44 29 66
Fermé le dimanche et le lundi

Grands crus, petits prix

MAX BORDEAUX

Vous rêvez de déguster un Château Margaux, Mouton-Rothschild ou pourquoi pas Cheval Blanc sans vous ruiner ? C'est désormais possible chez Max Bordeaux qui, depuis 2009, révolutionne le concept de la dégustation de vin. Sous son superbe plafond constitué de 300 verres à pied suspendus, les bouteilles reliées à des distributeurs n'attendent que votre petit ou grand ballon. Après le passage en caisse, on vous remet une carte créditée et il ne vous reste plus qu'à choisir la quantité désirée : 25, 50 ou 75 ml. Si vous êtes conquis, la maison propose aussi des bouteilles à emporter et des cours d'œnologie.

14, cours de l'Intendance / Tram B Grand-Théâtre
05 57 29 23 81
maxbordeaux.com
Fermé le dimanche

Goûter princier

MIREMONT

« À l'heure du thé il y a chez Miremont moins de gâteaux que de têtes couronnées », voilà ce qui se murmurait à Biarritz en 1872. Aujourd'hui, cette institution gourmande a ouvert ses portes aux Bordelais et fournit de nombreux restaurants ainsi que les buffets d'entracte du Grand Théâtre. L'exigence raffinée de la cour d'Espagne règne toujours sur les services de porcelaine. Un écrin rose et mauve pour pâtisseries, confiseries, desserts glacés et chocolat chaud – bien épais – à consommer sur place ou à emporter. L'enseigne a su faire évoluer ses classiques et nous comble désormais avec son saint-honoré trois saveurs, son brownie à la fève tonka et sa tarte aux fraises des bois.

5, rue Buffon / Tram B ou C Quinconces
09 83 66 62 88
miremont-bordeaux.com
Ouvert tous les jours

Château arty

INSTITUT CULTUREL BERNARD-MAGREZ

Illustre œnologue bordelais, propriétaire de grands vignobles internationaux, Bernard Magrez est aussi un passionné d'art moderne et contemporain. Désireux de mettre l'art à la portée de tous, il expose les œuvres de sa collection privée dans le château Labottière, un splendide hôtel particulier du XVIIIe siècle serti d'un très joli jardin. Désireux de mettre l'art à la portée de chacun, l'institut propose également des concerts, des ateliers, des conférences et des cours du soir. On en profite pour jeter un œil à la Grande Maison, hôtel cinq étoiles et restaurant gastronomique du même propriétaire, sis juste en face.

16, rue de Tivoli / Tram C Camille-Godard
05 56 81 72 77
institut-bernard-magrez.com
Ouvert du vendredi au dimanche
Tarif plein : 8 €, tarif réduit : 6 € ; gratuit le 1er dimanche du mois

Trésor dans un couvent

SALLE CAPITULAIRE DE LA COUR MABLY

Au détour de la rue Mably (qui doit son nom à un abbé), l'ancien couvent des Dominicains, construit au XVIIe siècle en même temps que l'église Notre-Dame, est l'un des rares endroits à Bordeaux où l'on peut flâner loin de la foule. Rénové en 1994 par le cabinet d'architecture Brochet-Lajus-Pueyo, le site abrite aujourd'hui la Chambre régionale des comptes, mais l'ancienne salle capitulaire et la cour ouvrent régulièrement leurs portes lors de très beaux rendez-vous culturels – expositions de peinture, sculpture, photographie, dessin mais aussi concerts, conférences ou animation artistiques. Et il n'est pas interdit de venir simplement y profiter d'un bain de soleil !

3, rue Mably / Tram B Grand-Théâtre
05 24 57 65 60
Programmation sur bordeaux.fr

Demeures d'exception rue de la Course

Jouxtant le jardin public, la rue de la Course, qui concentre à elle seule une myriade de maisons de maître, est un joli but de promenade. Parmi ces somptueuses demeures, beaucoup d'hôtels particuliers font aussi maison d'hôte et offrent une solution originale d'hébergement pour les amis ou la famille de passage. **La Course** (photo ci-contre), « maison de collection » pourvue d'un service hôtelier, possède notamment une cave à vin, un hammam, une suite avec piscine sur le toit, une chambre à ciel ouvert et un patio féerique. Plus haut dans la rue, la **Casa Blanca** (photo ci-dessous) est aussi dotée d'un patio avec baie vitrée et de cinq chambres, dont une avec terrasse sur les toits. Le **Clos d'Émile,** enfin, se démarque par son ambiance feutrée et apaisante.

LA COURSE

69, rue de la Course
Tram C Jardin-Public
05 56 52 28 07
lacourse-bordeaux.fr
À partir de 180 € la nuit

CASA BLANCA

39, rue de la Course
Tram C Jardin-Public
06 85 72 76 11
casablanca-bordeaux.com
À partir de 135 € la nuit

LE CLOS D'ÉMILE

3, rue Émile-Zola
Tram C Jardin-Public
05 33 57 21 23
leclosdemile.fr
À partir de 170 € la nuit

PLACE
GALIÈNE

Quartier

JUDAÏQUE SAINT-SEURIN PALAIS GALLIEN

PLACE GAMBETTA

RUE JUDAÏQUE

RUE DU PALAIS-GALLIEN

RUE ABBÉ-DE-L'EPÉE

RUE GEORGES-BONNAC

RUE TURENNE

RUE CAPDEVILLE

RUE LAFAURIE-MONBADON

Longtemps relégué au rang de cité-dortoir, le Palais Gallien est aujourd'hui un quartier qui monte. De la très familiale rue Judaïque à la rue Fondaudège en pleine mutation, le quartier dévoile ses nombreux visages. Si la quiétude règne près des arènes romaines, l'animation bat son plein autour de la romantique place Gambetta et de son square à l'anglaise.

Friperie de luxe

LA GARDE-ROBE DE MARIE-CLAIRE B.

Ici, de prime abord, rien ne distingue la boutique d'un ravissant multimarque. Pourtant nous voilà dans un dépôt-vente bluffant, tenu par une femme incroyablement énergique. La sélection drastique de la maîtresse des lieux s'avère toujours tendance et les tableaux aux murs reflètent la personnalité créative et l'œil très sûr de Marie-Claire. Ici, on débusque des marques confidentielles à prix tout doux mais aussi des grandes griffes à moitié prix : un sac Lancel, des lunettes Miu Miu, la petite robe en tricot Vanessa Bruno et même des escarpins Louboutin et Jimmy Choo... On craque à tous les coups !

38, rue Saint-Sernin / Tram B Gambetta
06 84 66 99 38
Fermé le dimanche et le lundi

Créez vos propres vêtements

Grâce à Isabelle et Martine, vous allez enfin pouvoir réaliser le sac, la pochette ou la robe de vos rêves. La première est modéliste-styliste, la deuxième, une ancienne tradeuse reconvertie. Dans leur atelier-boutique, coloré et rafraîchissant, on achète son matériel et l'on peut prendre des cours. Pour les débutantes, la leçon « clefs en main » avec matériel fourni est parfaite, tandis que les plus aguerries pourront mener des projets plus ambitieux. Cours du soir, stages vacances, leçons hebdomadaires adulte, ado, enfant et même en duo mère-fille : un vaste choix s'offre à vous. Vous pouvez aussi prendre une leçon de « dessin de mode » pour découvrir le métier de styliste et créer votre propre planche de tendance. Addictif.

POPELINE ATELIER

103, rue Fondaudège / Tram C Jardin-Public
05 56 38 31 74
popeline-ateliers.com
Fermé le dimanche
Initiation de 2h : de 26 € (enfant) à 40 € (adulte)

Le dressing idéal

ZOÉ DES ALLÉES

Ce joli multimarque propose dans deux boutiques voisines vêtements, chaussures de créateurs et marques en vogue au fil des saisons. MKT, La Fée Maraboutée, Ottod'Ame, Bella Jones, sans oublier les basiques de chez Yaya, les cashmeres Not Shy ou encore les belles mailles de chez JEFF. On fond littéralement pour les cabas en toile de Casa Lola avec leurs imprimés locaux : « Zoé à Bordeaux » ou « Zoé à la plage », et les parfums Carrément Belle. Avec une mention spéciale pour le divin patchouli...

2-8, place des Martyrs-de-la-Résistance / Tram B Gambetta
05 56 52 46 76
zoedesallees.fr
Fermé le dimanche et le lundi

Boudoir poétique

LE LOCAL

Cette jolie boutique est un enchantement. Une sélection de haut vol d'articles de décoration et papeterie effectuée par deux amies, Audrey et Aurélie. Leur univers frais, doux et poétique, pioche dans des créations françaises et scandinaves, en privilégiant l'artisanat. Nos coups de cœur ? Les cartes postales miniatures de la calligraphe japonaise Shoko Sakabe, les coussins « insectes » de Rosanna Spring, les bougies fleuries Organic Cocoon ou encore les adorables petits objets en céramique de l'atelier Momiji. À découvrir absolument.

41, rue du Palais-Gallien / Tram B Gambetta
09 86 67 42 02
lelocal-bordeaux.fr
Fermé le dimanche et le lundi

Au pays des merveilles

LITTLE FABRIK

Du mobilier à la décoration en passant par les livres, les jouets et les cosmétiques (même la marque fétiche Minois est là !), tout est sélectionné avec goût dans ce concept-store, le spot rêvé pour les cadeaux de naissance et une mine de bonnes trouvailles pour tous. À l'étage se cache un salon de coiffure où Amélie prend soin de toutes les têtes (petits et grands) avec les produits durables Davines, tandis qu'au rez-de-chaussée, le samedi, Gaëlle organise conférences et ateliers de loisirs créatifs encadrés par des professionnels.

17, rue Fondaudège / Tram C Jardin-Public
57 83 70 30
littlefabrik.fr
Fermé le dimanche et le lundi matin

À la page

LE GOÛT DU PAPIER

Mélanie est graphiste-illustratrice, Jennifer est aussi graphiste et conçoit des faire-parts. Dans leur boutique, elles veulent transmettre leur « goût du papier » et le déclinent sous toutes ses formes : papeterie, accessoires, loisirs créatifs, pop-up et créations artistiques. Un coin « gribouille et grignote » vous permet d'exprimer votre créativité autour d'une tasse de thé et, pourquoi pas, de participer à l'un des nombreux ateliers adultes ou enfants : origami, papier mâché ou, très tendance, le scrapbooking et le bullet journal (de 10 à 30 € l'heure).

88, rue du Palais-Gallien / Tram B Gambetta
06 22 08 58 34
fr.ulule.com/le-gout-du-papier
Fermé le dimanche

Le rendez-vous des bons vivants

GAROPAPILLES

Épicuriens, à vos assiettes ! Tanguy Laviale, chef cuisinier passé par de grandes tables parisiennes, et Gaël, chef de cave, bousculent le concept bordelais de table-cave à vin. Chez eux, pas question de limiter le choix des breuvages au seul terroir de la Gironde ! Un bon côtes-du-rhône a aussi sa place sur la table. Au menu, des vins d'auteurs sélectionnés au coup de cœur – sublimés par une cuisine romantique et savoureuse, le tout dans une ambiance d'auberge chaleureuse et élégante. À découvrir à midi si vous êtes pressés, car le soir il faut réserver au moins un mois à l'avance... Et si vous avez aimé le vin servi à table, vous pourrez repartir avec une caisse sous le bras.

62, rue Abbé-de-l'Épée / Tram B Gambetta
09 72 45 55 36
garopapilles.com
Fermé le samedi et le dimanche

Pour bien manger, mangeons cachés

UNE CUISINE EN VILLE

Les adresses un peu secrètes comme celle-ci n'ont pas vocation à le rester très longtemps. En effet, comment tout gourmand digne de ce nom pourrait-il résister au mystère de ce long couloir au bout duquel s'ouvre un restaurant donnant sur une charmante cour intérieure ? Dans sa cachette, le chef landais Philippe Lagraula, ancien étoilé, s'inspire de tout ce qui l'entoure, à commencer par le terroir local, mais aussi le Pérou, pays d'origine de sa femme. Ainsi se côtoient sans accroc à la carte un tartare de truite au citron vert mascarpone, piperade et bouillon de crustacés et un boudin basque grillé, œufs coulants à la crème de persil. Un mariage réussi à petit prix (formule midi avec entrée, plat et dessert à 19 €).

77, rue du Palais-Gallien / Tram B Gambetta

05 56 44 70 93

une-cuisine-en-ville.com

Fermé le dimanche et le lundi

Graine d'étoile

RACINES

C'est l'adresse incontournable des gourmets ! Le jeune chef écossais Daniel Gallacher, qui a fait ses armes auprès de grands noms de la cuisine (Pierre Gagnaire, Alain Ducasse...), est un autodidacte et un génie des fourneaux. En posant ses valises à Bordeaux, il réussit un pari audacieux : ouvrir le restaurant gastronomique le moins cher de la ville ! À midi, le repas complet avec entrée, plat et dessert est à 19 €. Avec, en plus, une carte qui change toutes les semaines et un si bon accueil, on est conquis.

59, rue Georges-Bonnac / Tram B Gambetta
05 56 98 43 08
Fermé le dimanche et le lundi

À l'heure danoise

KOEBEN

Dans la boutique-salon de thé de Peter (ex-styliste d'origine danoise) et de son associé Lucien, c'est toute la Scandinavie qui est à l'honneur. Avec ses murs bleu glacier, ses meubles en bois et les gâteaux traditionnels maison sur le comptoir, on se sent tout de suite transporté à Copenhague. Un endroit très « *hygge* » (la recette danoise du bonheur) pour une pause « *fika* » (une grande boisson chaude avec un pain à la cannelle), un déjeuner ou pour chiner de la porcelaine Royal Copenhagen (qui fournit la Cour danoise), des céramiques de Ditte Fischer, créatrice de renom, et d'autres trouvailles venues du froid. Ne manquez pas le brunch du dimanche (de 11h30 à 15h30) : le buffet est à volonté !

17 et 32, rue du Palais-Gallien / Tram B Gambetta
09 86 15 02 20 (table) et 09 77 16 17 76 (boutique)
koeben.com
Fermé le lundi

Grignotage de choix

Autrefois plus populaire, le quartier du Palais-Gallien a vu ses fast-foods et nombreux kebabs céder un peu de terrain à de sympathiques échoppes gourmandes et métissées. La **Gyoza Factory** (photo ci-dessous) sert ainsi en take-away des raviolis cuits à la vapeur et garnis de farces gourmandes (ceux au confit de canard sont à tomber). Plus cosy, **Le Monologue** est un joli petit salon de thé où l'on peut manger à toute heure et profiter de l'épicerie pour ramener des thés originaux (il y en a même aux légumes). Enfin, pour les inconditionnels du steak, il n'y a qu'une adresse : **Edmond Pure Burger**. Avec des fromages de chez Jean d'Alos (voir p. 67) , de la bonne viande française et du pain fait maison, servis dans une ambiance de loft new-yorkais, on ne peut que succomber !

GYOZA FACTORY

6, rue Georges-Bonnac
Tram B Gambetta
gyozafactory.fr
Fermé le dimanche
et le lundi

EDMOND PURE BURGER

34, rue du Palais-Gallien
Tram B Gambetta
05 56 81 77 93
edmond-burger.fr
Fermé le dimanche

LE MONOLOGUE

35, rue du Palais-Gallien
Tram B Gambetta
05 54 49 93 12
Fermé le samedi
et le dimanche

Volaille d'exception

LE POULAILLER D'AUGUSTIN

Ces cocottes tournant sur leurs broches fleurent bon jusqu'à la basilique Saint-Seurin ! Augustin est charmant et ses volailles sont sans aucun doute les plus goûteuses de la ville. Dans sa rôtisserie-épicerie, il se met en quatre pour vous satisfaire et, soucieux de fournir le meilleur, propose, outre ses poulets jaunes du Périgord, des poules noires landaises, des pintades farcies et de la volaille de Bresse (un luxe !). Les petits plus ? Vous pouvez manger sur place ou encore commander un panier pique-nique. Un sans faute !

1, place du Pradeau / Tram B Gambetta

05 57 78 37 55

lepoulaillerdaugustin.com

Fermé le lundi

L'Italie à emporter

CANTINA PEPPONE

Vous raffolez des pizzas Peppone (voir p. 62) ? Vous allez adorer la Cantina ! Juste à l'arrière du restaurant, donnant sur la rue Lafaurie-Monbadon, cette épicerie bien moins connue que le restaurant vous offre toute l'Italie à emporter ! On fait le plein de pâtes fraîches, sauces tomate, pesto, parmesan, huiles et piments. Et, pour un apéritif réussi, les piments doux farcis au thon, aux olives, aux câpres ou les artichauts à la romaine se marieront parfaitement avec vos Spritz maison.

17, rue Lafaurie-Monbadon / Tram B Gambetta
05 56 44 91 05
Ouvert tous les jours

Crèmerie à prix doux

TOUT UN FROMAGE

Fraîchement débarqué dans la capitale girondine, cette adresse simple et gourmande est avant tout une affaire de famille. Patrick adore le fromage et a entraîné dans cette aventure son épouse et sa fille. Dans sa jolie boutique au design épuré, pas moins de 90 variétés vous attendent à des prix défiant toute concurrence. Une jolie sélection avec beaucoup de lait cru et quelques bons pasteurisés – Patrick dit se soucier des femmes enceintes. Notre coup de cœur : les fromages de la vallée d'Ossau, livrés par le fermier de Laruns en personne.

11, place des Martyrs-de-la-Résistance / Tram B Gambetta
09 52 84 45 31
toutun-fromage.com
Fermé le dimanche

Halles culturelles

MARCHÉ DE LERME

Tout le monde à Bordeaux (ou presque) connaît les ruines du Palais Gallien… mais qui a déjà visité le marché de Lerme, à deux pas de là ? Cet ancien marché couvert, au cœur du paisible quartier Fondaudège, mérite pourtant le détour. Sa bâtisse toute ronde, construite en 1866 sous la direction de l'architecte Charles Burguet, est une illustration parfaite de l'époque où le fer était à son apogée (peu avant la tour Eiffel). Rénovée en 2011, cette structure de verre, de zinc et de fonte est désormais dédiée à des expositions et manifestations culturelles (théâtre, danse…).

Place de Lerme / Tram C Jardin-Public
Informations sur bordeaux.fr

Néo-cabaret

LA GRANDE POSTE

Après avoir accueilli la Poste, des agences de pub et de communication, cet imposant bâtiment de 1 000 m² en plein centre-ville abrite aujourd'hui un café-théâtre moderne. Avec son imposante coupole Art déco, sa salle de restaurant et de spectacle et ses échoppes en mezzanine, l'endroit a de quoi surprendre. Le temps d'une soirée, on retrouve l'esprit du cabaret français revisité, avec une formule tout compris à 50 € : spectacle et repas complet signé par le chef Christophe Cappi.

7, rue du Palais-Gallien / Tram C Quinconces
05 56 01 53 90
lagrandeposte.com
Fermé le lundi

Marché des Capuc
Le Marché des Capucins
marché des capucins

Quartier

SAINT-MICHEL VICTOIRE SAINTE-CROIX

COURS VICTOR-HUGO

COURS DE LA MARNE

RUE DU MIRAIL

PLACE DE LA VICTOIRE

PLACE GÉNÉRAL-SARRAIL

RUE DES FAURES

PLACE MEYNARD

RUE CAMILLE-SAUVAGEAU

PORTE DE LA MONNAIE

Autour de la basilique Saint-Michel, le samedi matin, le brouillard se dissipe et le marché prend place avec ses épices, ses tissus, ses innombrables brocantes et ses échoppes gourmandes. On sirote un thé à la menthe dans un joyeux bain de foule. Authentique et populaire, ce quartier où vivaient autrefois pêcheurs et artisans est devenu en quelques années la coqueluche des Bordelais.

Copines créatives

CAMILLE & LES FILLES

Les collectifs d'artistes et designers fleurissent dans le quartier. À l'origine de cette ravissante boutique de la rue Camille-Sauvageau : Murielle, Anne, Marie et Cathie, quatre créatrices désireuses de faire vitrine commune et de rencontrer d'autres artistes. Quelques travaux et une campagne de crowdfunding plus tard, cette boutique pas comme les autres était née. Vingt-et-une marques y sont représentées ; parmi elles, MEG Création, By Nanoo, L'Œil de la Poule. Bijoux, accessoires, vêtements, déco... Un vrai comptoir à cadeaux !

59, rue Camille-Sauvageau / Tram C Saint-Michel
Fermé le dimanche et le lundi

Tissus en fête

[LES] CURIEUX

Dans son atelier-cabinet de curiosités, Marie collectionne les tissus. Ces derniers temps, son cœur bat pour le wax, ce tissu africain coloré ciré sur les deux faces. Au gré de son imagination, cette couturière fait naître vêtements, pochettes, sacs ou étuis à cigarettes aux couleurs chatoyantes. Des pièces uniques idéales pour customiser un look et des idées de déco hors du commun, à prix très sages !

92, cours Victor-Hugo / Tram A Place-du-Palais ou C Porte-de-Bourgogne
06 62 78 00 13
lescurieux.store
Fermé le dimanche et le lundi

Escapades orientales

Les ruelles de Saint-Michel fourmillent d'adresses aux accents méditerranéens et aux noms évocateurs. Pour une journée 100 % bien-être, on réserve un soin aux **Bains de Cléopâtre** (photo ci-contre). La décoration de ce hammam traditionnel et ses vapeurs parfumées nous transportent aux pays des Mille et Une Nuits. Après le traditionnel gommage au savon noir, le massage à l'huile de loukoum et les pâtisseries offertes sont d'un réconfort absolu. On fait halte au **Marhaba** pour déguster un bon tajine à prix d'ami. On zappe le dessert et on file au **Café de la Fraternité** pour son fameux thé à la menthe à 2 €. Surtout, on n'oublie pas d'acheter quelques pâtisseries de **La Rose de Tunis** pour se régaler à la maison.

LES BAINS DE CLÉOPÂTRE

32, rue Élie-Gintrac
Tram B Victoire
05 56 94 81 20
lesbainsdecleopatre.fr
Fermé le lundi

LE MARHABA

27, rue des Faures
Tram C Saint-Michel
05 57 59 10 63
Ouvert tous les jours

LE CAFÉ DE LA FRATERNITÉ

27, place Meynard
Tram C Saint-Michel
Ouvert tous les jours

LA ROSE DE TUNIS

70, rue des Faures
Tram C Porte-de-Bourgogne
05 56 92 63 28
larosedetunis.com
Ouvert tous les jours

Artistes du recyclage

SPECIMEN

Dans la famille association de créateurs, je voudrais… les recycleurs ! Chez Specimen, pas question de vieilles broutilles : ici tout est pimpant ! Muriel, à l'origine du projet, redonne vie à des bijoux fantaisie. Sophie, elle, réalise des robes à partir de tissus vintage. Papi Lili réutilise des mécanismes d'horlogerie pour en faire des pendentifs très fins et Corinne donne vie à du papier graphique au travers de lampes colorées. Une vingtaine de créateurs sont ainsi réunis dans un univers original et poétique. Mention spéciale pour les guirlandes origamis (26 €) de Marie-Aude Lapeyronnie.

11, rue du Mirail / Tram B Musée-d'Aquitaine
09 82 34 23 96
collectif-specimen.info
Fermé le dimanche et le lundi matin

Elle a tout pour plaire !

YVONNE

Voici le nouveau « lifestore » qui fait parler de lui. Cette ancienne boucherie de quartier abrite désormais un espace hors du commun dédié à la décoration et à la gourmandise. On vient pour flâner entre les étagères en bois chargées de trouvailles repérées par Loïc et Olivier, deux amis passionnés de déco. On y trouve de belles références : des suspensions Gervasoni, des canapés Tacchini, mais aussi de la vaisselle et des accessoires divers. Un petit creux ? Ne partez pas ! Dans la pièce voisine, Isabelle sert à toute heure de délicieux bowls (végétariens, végétaliens ou carnivores), frais et préparés minute, et de bonnes pâtisseries.

2, rue Gaspard-Philippe / Tram C Saint-Michel
05 56 72 19 16
yvonnelifestore.com
Ouvert tous les jours

L'Afrique en couleur

ÉDITIONS VÉTIVER

Après un voyage au Maroc, Pauline est tombée amoureuse des tapis berbères. Originaire de Bretagne, elle vient d'ouvrir à Bordeaux une boutique entièrement consacrée aux tapis et éléments de décoration africains. Tous ses tapis sont fabriqués à Marrakech dans la plus pure tradition. Si pour un Beni Ouarain classique en laine naturelle il vous faudra débourser quelques centaines d'euros, les Boucherouites en tissus colorés seront une joyeuse et plus modeste alternative. Quant à ses plaids à pompons ultra moelleux, ils font carrément un carton, été comme hiver !

27, rue Gaspard-Philippe / Tram C Saint-Michel
06 28 57 55 68
Fermé le mardi et le mercredi

Un couple en or

ATELIER L'DÉCORS

Peinture décorative, faux bois, faux marbre, patine, trompe-l'œil ou dorure à la feuille d'or : avec Lise et Laurent toute votre décoration prend vie. Ces deux peintres-restaurateurs redonnent de l'éclat à votre mobilier ou de la couleur à vos murs. À Bordeaux, on les surnomme affectueusement le « duo du trompe-l'œil ». Si on leur doit l'incroyable façade en or de la boutique Parenthèse aux Grands-Hommes et la restauration de l'intérieur du Grand Théâtre, vous pourrez aussi leur confier tout simplement une peinture murale pour une chambre d'enfant...

61, rue Leyteire / Tram C Saint-Michel
06 75 62 65 38 / 06 72 74 86 68
atelierldecors.fr

Les puces de Saint-Michel : au paradis des chineurs

Les mardis, jeudis, vendredis et dimanches, c'est le grand déballage sur la place Meynard. Mais, en dehors des jours de puces, les mordus de brocante ont aussi leurs adresses : le **passage Saint-Michel** (photo ci-dessous), juste en face de la basilique, en est le fleuron. Plus de 600 m^2 de stands, répartis entre une vingtaine de professionnels, et une brasserie pour faire une pause. Et un peu plus loin sur la place, **Les Hangars Saint-Michel** sont aussi une mine pour les amateurs d'antiquités et de mobilier vintage.

LES BROCANTEURS DU PASSAGE SAINT-MICHEL

15, place Canteloup
Tram C Saint-Michel
05 56 74 01 84
lesbrocanteursdupassage.fr
Fermé le lundi

LES HANGARS SAINT-MICHEL

22, rue des Allamandiers
Tram C Saint-Michel
06 88 17 42 85
leshangars.com
Ouvert tous les jours

Spécial gloutons

UNE FAIM DE LOUP

Une porte bleue, haute et fine, des carreaux blancs, des coussins jaunes et des fleurs séchées... vous pénétrez dans l'antre d'Annabel. Dans ses quelques mètres carrés de gourmandise au cœur de la place Meynard, la reine du granola propose des formules petit déjeuner à 7,50 €, petite faim à 8,50 € pour le midi avec, au choix, un gros plat seul ou trois petits. Des tartes bio, des gâteaux maison et une farandole de thés bretons. Et le dimanche, jour des puces, c'est brunch à 16,50 € !

17, place Canteloup / Tram C Saint-Michel
09 86 79 80 39
une-faim-de-loup.fr
Fermé le mardi et le mercredi

Street food singapourienne

HUTONG

Voilà le genre d'adresse que l'on garde jalousement pour soi. L'endroit est exigu mais la cuisine est délicieuse. Jason est natif de Singapour. Avec Boris (l'autre chef) et son épouse Stéphanie, ils nous font découvrir toute la finesse de la gastronomie singapourienne, telle qu'on peut la déguster là-bas, dans les « Hawkers centers » (stands de cuisine régionale). Subtile et savoureuse, influencée par la Chine, l'Indonésie, l'Inde et la Malaisie, elle met les aromates à l'honneur, à l'instar de la feuille de pandan, du galangal (gingembre bleu) et du gula melaka (sucre de cocotier). Testez les cocktails de fruits frais, celui à la pastèque est délicieux.

1, place Général-Sarrail / Tram B Victoire
09 67 61 81 99
Fermé le dimanche et le lundi

Bar à manger

ATELIER DES FAURES

Le bar en bois plongeant sur la rue et les odeurs gourmandes qui s'en échappent aiguisent l'appétit. Ici, on mange au comptoir devant le spectacle du chef aux fourneaux. Aux manettes, Roman, un ancien de Sciences-Po passionné d'épices et d'expériences culinaires. Sa cuisine, créative et voyageuse, mixe les styles : gyoza au pastrami, terrine de canard au lard de Colonnata... Toute la convivialité d'un bar à tapas, le chic en plus.

48, rue des Faures / Tram C Porte-de-Bourgogne
09 86 42 45 45
Fermé le dimanche et le lundi

Monument gastronomique

LA TUPINA

Il est à Bordeaux, comme ailleurs, des institutions inébranlables. La Tupina – dont le nom désigne en basque une marmite en terre – est de celles-là. Longtemps placée sous la houlette de son fondateur, l'immense Jean-Pierre Xiradakis, cette maison de la gastronomie traditionnelle du Sud-Ouest est aujourd'hui entre les mains de sa fille Pauline. Le nouveau chef, Franck Audu, renoue avec la cuisine originelle de l'établissement : le magret de canard grillé dans l'âtre a de beaux jours devant lui ! Sachez que la maison possède aussi une épicerie-restaurant juste en face, Le Comestible.

6, rue Porte-de-la-Monnaie / Tram C Saint-Michel
05 56 91 56 37
latupina.com
Fermé le dimanche et le lundi

Oasis savoureuse

PALO ALTO

Quai de la Monnaie se cache un charmant patio tropical. Dans cette néo-cafétéria, on déguste, au pied des bananiers, palmiers et orangers, des plats healthy et de saison, sur de jolies tables en bois. La citronnade home-made à la fleur d'oranger est incontournable. Il pleut ? La moitié de la cour est abritée – et chauffée en hiver. Distribution de plaids moelleux garantie dès les premiers frimas ! Sain et ressourçant.

5, quai de la Monnaie / Tram C Saint-Michel
09 82 37 15 50
Fermé le dimanche

Vous prendrez bien un « vert » !

LA CAVE D'ANTOINE

Antoine possède trois caves à Bordeaux. La petite dernière, rue des Faures, est entièrement consacrée aux vins bio et biodynamiques. Un joli défi dans une région qui, si elle s'ouvre aujourd'hui davantage au bio, reste attachée à ses traditions. Mais cette tendance fait son chemin et le bruit court qu'un grand cru classé du Bordelais serait sur le point de passer au 100 % bio. Selon Antoine, ce n'est pas seulement une affaire de santé mais aussi une histoire de qualité gustative. Pour déguster au fil des saisons, ici, on s'abonne au rythme de deux bouteilles (ou plus !) par mois sélectionnées par le patron parmi ses 150 références en constante évolution.

58, rue des Faures / Tram C Saint-Michel
06 89 08 43 21
lacavedantoine.eu
Fermé le dimanche et le lundi

Un siècle de croquant

LA BOULANGERIE

Lorsque la basilique sonne midi, c'est ici que tout le quartier se presse, la file s'étirant alors jusque sur la place Saint-Michel. On vient chercher à La Boulangerie du pain artisanal – rustique, tradition ou encore aux fruits secs – dans une ambiance chaleureuse et résolument moderne. On emporte aussi de très bonnes viennoiseries, sans parler du fameux Jésuite (un petit triangle de pâte feuilletée fourré de frangipane et recouvert de glaçage), un régal. Une histoire qui dure depuis plus d'un siècle.

49-51, rue des Faures / Tram C Saint-Michel
06 66 05 93 38
laboulangerie-saintmichel.fr
Ouvert tous les jours

Le Sud-Ouest s'emporte

ÉPICERIE 41

Fraîchement inaugurée cours Pasteur, cette épicerie propose de (re)découvrir les produits culinaires du grand Sud-Ouest en direct de petits producteurs localisés entre Bordeaux et Lyon. Que de surprises entre les rillettes d'esturgeon à la truffe, les confitures du Bassin, les thés, jus de fruits, sirops, biscuits jusqu'à la quenelle de brochet en passant par les cassoulets du Lot ! Rien ne manque à l'appel !

41, cours Pasteur / Tram B Musée-d'Aquitaine
05 56 20 62 22
epicerie41.fr
Fermé le dimanche

Au rendez-vous des gourmets

MARCHÉ DES CAPUCINS

Impossible d'évoquer le quartier Saint-Michel sans parler de son marché couvert. Les « Halles des Capu' » sont le point de ralliement de tous les gastronomes de la ville depuis le XVIIIe siècle. Tout Bordelais qui se respecte a déjà dégusté les huîtres extra fraîches de Chez Jean-Mi, sait que les meilleures moules à la crème du quartier sont chez Poulette et que, pour prendre un bon petit déj', c'est au Café Laiton que ça se passe. C'est ici que vous croiserez aussi le plus grand nombre de chefs cuisiniers au mètre carré.

Place des Capucins / Tram B Victoire
marchedescapucins.com
Fermé le lundi

Haut perché

JARDIN DES REMPARTS

Niché sur les hauteurs du quartier des Douves, ce modeste parc tout en longueur est méconnu des Bordelais. Littéralement caché en haut de deux escaliers situés de part et d'autre, rue Marbotin et rue des Douves, il surprend par son point de vue unique sur la halle, l'église Sainte-Croix et la chapelle du couvent des Capucins. Un couvent du XVe siècle dont il faisait d'ailleurs partie intégrante. Avec son aspect un peu en friche, insolite en ville, ce jardin mérite vraiment le coup d'œil...

8, rue Marbotin / Tram B Victoire
Ouvert tous les jours

Comme sur des roulettes

BORDEAUX TRIP

Envie de visiter Bordeaux d'une manière originale ? Bordeaux Trip est le spécialiste du déplacement électrique. Segway (giropode), monoroue, vélo électrique, trottinette électrique ou encore hoverboard (le skate version giropode), chacun y trouvera son style. Des balades guidées d'une heure ou deux sont proposées (55 € les deux heures en segway, 25 € pour une heure en vélo électrique), mais on peut aussi simplement louer ou même, pourquoi pas, acheter ! Un joli week-end ensoleillé ? On file bien équipé sur le Bassin pour une promenade inoubliable entre les pins et l'Océan.

59, cours Victor-Hugo / Tram C Porte-de-Bourgogne
06 99 50 20 80
bordeaux-trip.fr
Ouvert tous les jours

DAME
TABAC - PRESSE

Quartier

SAINT-LOUIS CHARTRONS BASSINS À FLOT

COURS PORTAL

RUE NOTRE-DAME

QUAI DES CHARTRONS

RUE SICARD

PLACE DU MARCHÉ-DES-CHARTRONS

COURS DE LA MARTINIQUE

COURS DU MÉDOC

PONT JACQUES-CHABAN-DELMAS

QUAI ARMAND-LALANDE

Des anciens chais en bord de Garonne jusqu'à la place du Marché, il flotte une ambiance villageoise dans ce « petit Marais » autrefois dévolu au vin et au négoce. Flâneurs et touristes déambulent le jour rue Notre-Dame, à la recherche de pièces de créateurs et de galeries d'art. Quant aux noctambules, guidés par la nouvelle Cité du Vin brillant comme un phare dans la nuit, ils s'emparent joyeusement des très branchés Bassins à flot.

Chic filles

MADEMOISELLE L'INSOLENTE

Carine a imaginé ce délicieux multimarque comme une « penderie à son goût ». On vient ici comme on irait chez une amie modeuse, à la recherche de la pièce dernier cri et de conseils avisés. Ultra féminine, la sélection de la maîtresse des lieux se veut aussi accessible à toutes les bourses : Des Petits Hauts, Garance Paris, La Petite Française, Opullence… Quels que soient votre âge et votre style, on vous accueille avec sourire et bonne humeur ! Et bientôt, Carine ouvrira sa boutique déco, au numéro 10 de la rue. Une bonne nouvelle !

8, rue Cornac / Tram C Paul-Doumer
06 27 05 10 58
Fermé le dimanche

Chaussure à son pied

SHOES ART

Derrière le comptoir, les grandes peaux de cuir véritable donnent le ton de cette jeune enseigne où la chaussure en cuir retrouve ses lettres de noblesse. Joelle et Virginie, de véritables spécialistes, sélectionnent le meilleur des références européennes : on craquera pour les bridées de chez Pertini, les talons Chie Mihara ou encore pour les New Lovers dont le sens du détail n'a pas son pareil. Le coin des messieurs est également très réussi.

81, rue Notre-Dame / Tram C Paul-Doumer
05 56 23 40 15
shoesart-bordeaux.fr
Fermé le dimanche et le lundi

L'anti-salon

LE BOUDOIR DE SOPHIE

Qui est Sophie ? Une drôle de coiffeuse qui n'aime pas les salons de coiffure. Le sien est en réalité un institut de beauté qui prend soin de chacune. Coiffure, esthétique, manucure et maquillage, tous les services sont ici réunis pour faire peau neuve et cheveux en place. Pour la jeune patronne, issue d'une famille de coiffeuses, l'écoute et la douceur sont fondamentales. Des vertus qu'elle a su transmettre à ses collaboratrices, aux petits soins avec chaque cliente. On en ressort détendue et sublimée, regonflée d'une bonne dose de confiance en soi.

14, rue Sicard / Tram C Paul-Doumer
05 56 81 05 55
Fermé le dimanche

40 degrés de bien-être

YOGA BIKRAM BORDEAUX

À Bordeaux, les studios de yoga sont nombreux et on le pratique jusque sur les quais. Mais connaissez-vous les vertus du bikram yoga ? Extrêmement tendance outre-Atlantique, cette activité émerge en France depuis quelques années. Il s'agit d'enchaîner, en une heure et demie, une série de 26 postures dans une salle chauffée à 40 °C. Le centre de Yoga Bikram aux Chartrons est un des rares studios de la ville à proposer cette activité, chérie des sportifs de haut niveau et des stars américaines. À la clef : plus de souplesse sans courbatures, un renforcement musculaire, une jolie peau. Bye bye stress, bonjour énergie !

26, cours de la Martinique / Tram B Chartrons
06 75 45 65 47
yogabikrambordeaux.com
Ouvert tous les jours

Jamais chauvins

DO YOU SPEAK FRANÇAIS ?

Dans ce concept-store unique en son genre, vous ne trouverez que du made in France. Issue de l'univers de la mode, Gaëlle le connaît sous toutes ses coutures. Pour en finir avec les pièces fabriquées en Chine par de petites mains sous-payées, elle a ouvert sa boutique au cœur des Chartrons. Épaulée par Maxime, un ex-journaliste sensible à son projet, elle propose une belle sélection de vêtements, bijoux fantaisie, accessoires, papeterie et décoration. Pour toute la famille et tous les budgets. Le cabas de la maison au coq tricolore est déjà un must have...

93, rue Notre-Dame / Tram B Chartrons
06 24 99 64 12
dysfrancais.jimdo.com
Fermé le dimanche et le lundi

Nid douillet

CABANES & CHÂTEAUX

Laurent Château porte bien son nom car il peut transformer tout humble intérieur en maison cossue. Décorateur et chineur invétéré, il partage son quotidien entre sa boutique et ses chantiers. Son magasin ultra cosy propose mobilier, luminaires, textiles et objets de décoration dénichés chez des antiquaires ou des designers bien choisis. Harmonie et matériaux bruts sont les maîtres mots de sa sélection. N'hésitez pas à le solliciter, il aura grand plaisir à vous guider entre nouvelles tendances et respect de votre propre style.

74, rue Notre-Dame / Tram C Paul-Doumer
05 56 44 13 08
cabanesetchateaux.com
Fermé le dimanche et le lundi

La rue des antiquaires

Si Saint-Michel est le quartier des brocantes, Notre-Dame, aux Chartrons, est celui où convergent les plus belles boutiques d'antiquités de Bordeaux. Rien à voir avec le vide-grenier du dimanche ! Dans les 1 500 m² du **Village Notre-Dame** – la plus grande galerie d'antiquités d'Aquitaine, sise dans une ancienne imprimerie –, on débusque tableaux, meubles et objets de collection remontant au xviie siècle. Pour du très haut de gamme on file juste en face, chez **Pipat Antiquités**. Dans cette boutique tenue par une famille d'antiquaires réputés, vous ne trouverez que des objets rares et précieux.

VILLAGE NOTRE-DAME

61-67, rue Notre-Dame
Tram B Chartrons
05 56 52 66 13
villagenotredame.com
Ouvert tous les jours

PIPAT ANTIQUITÉS

64, rue Notre-Dame
Tram B Chartrons
05 56 51 98 82
pipat-antiquites.fr
Fermé le dimanche

Carreaux tendance

ARBORESCENCE SUD OUEST

Le carreau de ciment a la cote. Sur les murs, au sol ou, pourquoi pas, sur une table, les carreaux teintés apportent une touche de couleur élégante et originale à notre déco d'intérieur comme d'extérieur. Carreaux fabriqués sur mesure, zelliges en terre cuite taillés à la main au Maroc, tomettes émaillées portugaises, émaux de Briare teintés dans la masse en France... le choix est cornélien dans la boutique de Marie-Hélène. La maison propose aussi de magnifiques papiers peints, dorés, tissés, et même en feuille de pierre !

135, rue Notre-Dame / Tram B Chartrons
06 77 13 90 97
arborescencesudouest.com
Fermé le dimanche

Le ventre des Chartrons

CHEZ DUPONT

Installée aux Chartrons depuis 1988, cette adresse s'est construit une solide réputation. Elle séduit par sa cuisine fraîche et authentique et sa décoration joliment « vieille France ». Trilogie de canard d'Auros, porc noir de Bigorre ou encore carpaccio de fromage de brebis et pomme au piment d'espelette raviront les papilles les plus exigeantes. Bien entendu, tous les produits sont frais et arrivent en direct du marché des Capucins. La maison propose aussi de très jolies chambres d'hôtes, juste en face du restaurant.

45, rue Notre-Dame / Tram C Paul-Doumer
05 56 81 49 59
chez-dupont.com
Fermé le dimanche et le lundi

Du soleil dans la tasse

LA PELLE CAFÉ

Ce torréfacteur possède la terrasse la plus agréable du quartier. Carlos, le patron, est originaire du Brésil, patrie du café... Sa compagne Paola et lui connaissent le marc de café sur le bout des doigts et se feront un plaisir de vous en faire sentir toutes les subtilités. Sur leur grande table en bois, une boîte olfactive pour apprendre à reconnaître les arômes ; sur les étagères, des livres et du café en vrac. Et, dans le coin « labo », les machines à torréfier qui préparent notre breuvage. Une halte délicieuse au milieu de la longue rue Notre-Dame...

29, rue Notre-Dame / Tram C Paul-Doumer
05 56 81 69 24
lapellecafe.com
Fermé le lundi

Loft gourmand

JULIENA

Tables en bois massif, porte-manteaux en forme de cuillère à soupe, meubles chinés et suspensions XXL, ce néo-salon de thé bouscule les codes en s'intégrant avec talent dans l'esprit brocante du quartier. Dans ce grand loft contemporain, on vient pour papoter entre amis ou travailler en bonne compagnie (boissons et tartelettes). Avec plus de 30 thés à la carte et une ribambelle de pâtisseries maison, impossible de ne pas trouver son bonheur. On vous recommande la tarte au citron meringuée, signature de la maison.

15, rue Notre-Dame / Tram C Paul-Doumer
05 56 48 01 70
juliena.fr
Fermé le dimanche

L'Océan dans l'assiette

CHEZ BOULAN

On connaissait Damien Boulan pour ses huîtres exquises servies au cap Ferret dans sa cabane ostréicole, on le retrouve désormais au cœur des Chartrons pour notre plus grand plaisir. Dans son « bistrot-iodé », on prend place à table ou au comptoir pour déguster la sélection d'huîtres spéciales Boulan, du Mimbeau, ou les petites n° 4 accompagnées d'un verre de vin blanc bien frais. La maison propose aussi du poisson sauvage, juste grillé sous nos yeux, des ceviches gourmands, des gambas et toutes sortes de fruits de mer. Notez que l'huître spéciale Boulan Ferret Capienne a été médaillé d'or au concours général agricole 2017.

10, rue Sicard / Tram C Paul-Doumer
05 56 44 08 43
chezboulanbordeaux.fr
Fermé le dimanche

Chartrons by night

Les noctambules ont jeté leur dévolu sur ce quartier nord de Bordeaux. Le long des quais, les bars se font chic et clandestins, à l'instar du **Symbiose**, un des bars les plus secrets de la ville où flotte un doux parfum de prohibition. Pour y entrer, c'est au fond du restaurant, derrière l'horloge. Du côté des Bassins à flot, l'**I.Boat** reste le club indétrônable grâce à sa programmation musicale pointue. Enfin, pour une ambiance de bord de plage comme seul Bordeaux sait le faire, l'**Ibaïa Café,** avec ses palmiers et tapas les pieds dans l'eau, demeure une valeur sûre.

SYMBIOSE

4, quai des Chartrons
Tram B CAPC
05 56 23 67 15
Jusqu'à 2h,
fermé le dimanche

I.BOAT

Quai Armand-Lalande, bassin à flot n° 1
Tram B La-Cité-du-Vin
05 56 10 48 35
iboat.eu
Jusqu'à 6h,
fermé le dimanche

IBAÏA CAFÉ

Face au 24, quai des Chartrons
Tram B CAPC
05 56 00 45 35
Jusqu'à 2h tous les jours

Embrasser l'Italie

LA BOCCA

Amoureux de l'Italie, Franck a voulu transmettre sa passion au cœur du « Marais bordelais ». Dans son épicerie aux murs vert olive, on trouve de la charcuterie, des fromages, des antipastis... Mais la vedette de la maison, c'est la burrata. On vient aussi de loin parfois pour son amatriciana (sauce aux bajoues de porc salées) et pour le tiramisu à tomber. Fort de son succès, Franck a ouvert un restaurant juste en face, Bocca a Bocca, qui présente une jolie carte à base de truffes, pâtes, fromages et autres lasagnes et pas moins de 120 références de vins italiens. Une cuisine goûteuse et sans chichis : on adore.

75 et 78 bis, rue Notre-Dame / Tram C Paul-Doumer
Épicerie : 05 56 48 25 31, fermée le dimanche
Restaurant : 05 57 83 69 66, fermé le dimanche et le lundi
epicerielabocca.com

Plus bio que le bio

LE POTAGER DES CHARTRONS

Les primeurs ne sont pas légion sur le « port de la Lune », mais certains valent vraiment le détour. Difficile de manquer la boutique de Paul et Patrice, située face à l'église Saint-Louis, avec sa devanture façon Arcimboldo (visible lorsqu'elle est fermée). Ici, les pastilles vertes sur les cagettes indiquent des fruits et légumes de saison vendus en circuit court et en agriculture raisonnée – selon Paul, un mode de production plus intéressant que les simples labels bio. En hiver, goûtez les agrumes de Valence non traités, vous sentirez la différence !

60, rue Notre-Dame / Tram C Paul-Doumer
05 56 30 40 89
Fermé le dimanche et le lundi

Balades gourmandes

Un Bordelais aguerri sait où trouver le meilleur fromage de la ville, le gâteau qui fera sensation en soirée, possède un avis tranché sur les meilleurs crus et se tient au courant des dernières adresses. Pour faire bonne figure, Sylvie Berteaux peut vous aider. Cette guide touristique hors du commun propose des balades gourmandes à travers la ville, en groupe ou privatives sur mesure. Sur le thème du petit déjeuner, de l'apéritif, du déjeuner ou des marchés, elle vous emmène à la rencontre d'artisans passionnés et, entre deux dégustations, dévoile les richesses architecturales de notre patrimoine. Gourmandise et bonne humeur garanties.

MIAM

69, quai des Chartrons

Tram B Chartrons

06 21 80 06 80

miam-bordeaux.fr

De 29 à 72 € par personne pour une balade en groupe

Pain à l'ancienne

AU PÉTRIN MOISSAGAIS

Dans cette boulangerie artisanale, le décor rustique et les exquises odeurs de pain chaud nous transportent dans le temps. Et pour cause ! Le pain gascon de Serge Combarieu est cuit au feu de bois sous nos yeux, dans un four traditionnel datant du XVe siècle ! À l'âge de 2 ans, le petit Serge dormait déjà au pied d'un four de boulanger, sur une toile de lin. Aujourd'hui, il prépare son pain à l'ancienne, avec des farines sélectionnées et sans additifs. Un tuyau ? Plus la croûte de votre pain sera épaisse, plus celui-ci se conservera.

72, cours de la Martinique / Tram C Camille-Godard
05 57 87 54 57
au-petrin-moissagais.info
Fermé le lundi et le dimanche après-midi

L'esprit des marchés d'antan

LES HALLES DE BACALAN

2 600 m² sous un chapiteau de bois résolument moderne, 23 producteurs, un restaurant et un café, le tout à quelques pas de la Cité du Vin, entre les eaux de la Garonne et celles des Bassins à flot. Quoi de mieux pour remplir son panier de jolies victuailles ? Les Halles de Bacalan, inaugurées en 2017, proposent des produits en circuit court (poisson, viande, volaille, truffes, foie gras, primeurs) dont 85 % sont originaires du Sud-Ouest. On profite des courses pour faire une halte gourmande au Familia, le dernier-né des restaurants de Nicolas Lascombes (La Brasserie Bordelaise, Le Puy Paulin, Le 7...), pour déguster les produits du marché.

10, quai de Bacalan / Tram B La-Cité-du-Vin
biltoki.com
Fermé le lundi

Des marchés très courus

Le quartier dispose de trois beaux marchés. Le premier, le **marché des Chartrons**, est le plus confidentiel. Longtemps situé à l'intérieur des Halles, il se tient désormais juste en face, le long de la belle place du marché. Véritable commerce de proximité, il est ouvert tous les jours sauf les dimanche et lundi et propose d'excellents produits du terroir. Le **marché du quai des Chartrons,** le dimanche matin, n'est pas le moins cher mais il est le plus prisé car il offre une jolie promenade au bord de l'eau. On s'y donne rendez-vous pour déguster des huîtres. Le **marché biologique des quais**, le jeudi matin, est le moins conventionnel. Ici, que du bio, et les fromages de chèvres sont extra.

MARCHÉ DES CHARTRONS

2, rue Sicard
Tram B CAPC
De 7h à 13 h. Fermé le dimanche et le lundi

MARCHÉ DU QUAI DES CHARTRONS

Quai des Chartrons
Tram B CAPC
Le dimanche de 7h à 13h
Restauration jusqu'à 16h

MARCHÉ BIOLOGIQUE DES QUAIS

Quai des Chartrons
Tram B CAPC
Le jeudi de 6h à 14h

Vague artistique

BASE SOUS-MARINE

Longtemps restés en friche, les Bassins à flot voient aujourd'hui leurs quais s'animer de bateaux-restaurants, agences, start-up et autres installations artistiques. Dans ce nouveau quartier en expansion, la Base sous-marine fait figure de locomotive. Ancienne base pour sous-marins allemands, construite lors de la Seconde Guerre mondiale, elle est aujourd'hui le plus atypique centre d'art contemporain de Bordeaux. Autrefois destinée à accueillir des expositions photographiques, elle a fait peau neuve et se consacre désormais à l'art numérique et au street art entre ses arches de béton. Envoûtant.

Boulevard Alfred-Daney / Tram B La-Cité-du-Vin
05 56 11 11 50
bordeaux.fr
Plein tarif : 5 €, tarif réduit : 3 €
Possibilité de visite guidée

Se cultiver sans modération

LA CITÉ DU VIN

Le plus audacieux des bâtiments bordelais a gagné son pari. Un an seulement après son inauguration, la Cité du Vin figure au classement des meilleurs musées du monde selon le magazine américain *National Geographic*. Derrière la grande tour aux courbes fluides se cache un parcours ludique et sensoriel pour comprendre les secrets de fabrication du précieux nectar, mais pas seulement. La Cité recèle de bonnes surprises, notamment son restaurant panoramique (Le 7), sa librairie, son bar à vin, son auditorium et son majestueux belvédère. La vue imprenable sur les quais est encore plus belle la nuit.

134, quai de Bacalan / Tram B La-Cité-du-Vin
05 56 16 20 20
laciteduvin.com
Ouvert tous les jours
Plein tarif : 20 €, jeune : 9 €, moins de 6 ans : gratuit

La Cité du Vin

Quartier

LA BASTIDE NIEL BRAZZA

PLACE DE STALINGRAD

AVENUE THIERS

RUE DE LA BENAUGE

QUAI DES QUEYRIES

ESPLANADE LINNÉ

ALLÉE SERR

QUAI DE BRAZZA

COURS LE ROUZIC

RUE DE NUITS

Autrefois délaissée, la rive droite est aujourd'hui le poumon vert de la ville, le rendez-vous des artistes, des sportifs, des familles et de tout Bordelais recherchant un peu de quiétude. Au bout du Pont de pierre rénové, l'avenue Thiers voit les petits commerces se multiplier. Du lion bleu de Stalingrad à l'église Sainte-Marie, ce quartier en expansion cultive son charme d'ancien faubourg industriel.

Bulle de mode

LE COMPTOIR DE LA BASTIDE

Unique en son genre rive droite, ce joli multimarque accueille tout ce que le quartier de la Bastide compte de fashionistas. On compulse les pièces griffées, on essaie des chaussures et on prend place dans l'arrière-boutique sur le joli canapé moutarde, autour d'une tasse de café, pour recevoir des conseils. On y trouve See U Soon, The Corner, Grace & Mila pour les tops, Murati et Coco & Abricot pour les chaussures, mais aussi des bijoux fantaisie et du parfum pour la maison. Plus besoin de traverser la Garonne !

117, avenue Thiers / Tram A Jardin-Botanique
05 56 40 15 47
lecomptoirdesquartiers.fr
Fermé le dimanche et le lundi matin

Coiffure pop

LE PETIT VINTAGE

Fan des seventies, Mélanie a ouvert ce salon de coiffure à son image : sympathique et décalé. Tapisserie alvéolée, meubles en formica, photographies des idoles dans un cube en plexi, le remake est réussi. Mélanie prend soin de nos cheveux avec les très respectueux produits Davines dont la réputation n'est plus à faire. Ses anciennes clientes de la rive gauche traversent désormais le Pont de pierre pour se livrer à ses mains expertes, capables de donner du style au carré le plus sage.

7, avenue Thiers / Tram A Stalingrad
06 12 31 51 09
Fermé le dimanche et le lundi

Le sport bien-être

BELLIBULLE AU BIVOUAC

Savez-vous que Darwin, en plus de son épicerie, son café, son roller park et son espace de coworking, propose aussi un lieu dédié au bien-être ? Au sein du Bivouac – bulle lumineuse située au revers de la deuxième bâtisse –, l'association Bellibulle propose des cours de yoga, pilates et marche nordique. Trois activités dont les bénéfices pour le corps et l'esprit infusent jusque dans notre quotidien. Notez que le Bivouac propose aussi d'autres animations telles que la sophrologie, des massages ou même le yoga du rire !

Darwin
87, quai des Queyries / Tram A Jardin-Botanique
06 63 00 11 12
bellibulle.com, darwin.camp
Remise spéciale de 10 € sur présentation de ce guide pour un abonnement annuel et de 5 € pour la carte de 10 cours

Cantine urbaine

BISTROT-RÉFECTOIRE DU MAGASIN GÉNÉRAL

Darwin est un lieu à part. Un projet global d'activités urbaines né d'une friche : celle de la caserne militaire Niel. De ce grand complexe dynamique jaillit aujourd'hui une énergie joyeuse. Au cœur de cet espace atypique, le bistrot-réfectoire du Magasin Général ouvre grand ses portes et ses belles tablées pour siroter une bière home-made, déguster un plat chaud bio ou un burger végétarien. Assis sous la vaste halle extérieure, sur les banquettes en bois recyclé ou les canapés chinés, ou autour des longues tables de la salle principale, on se régale dans une ambiance toujours chaleureuse. Attention, venez tôt car la terrasse est rapidement prise d'assaut. Et suivez l'actu, car, le soir, c'est souvent concert !

Darwin
87, quai de Queyries / Tram A Jardin-Botanique
05 56 77 88 35
magasingeneral.camp
Ouvert tous les jours

Néo-snacking

HUMMING BORDEAUX

Pour un déjeuner cosy et sans prise de tête le long des quais, direction Humming Bordeaux. Très accueillant avec ses banquettes moelleuses, ses coussins graphiques, ses peaux de bêtes (de synthèse bien sûr !) et ses fleurs séchées. Le credo : faire simple et bon et pas cher (formules déjeurner entre 10 et 13 €). On se régale de sandwichs originaux au pain ciabatta de chez Laurent Lachenal, de croque-monsieur au pain de campagne et de pâtisseries maison : ne ratez pas le Brookie – mi-brownie, mi-cookie, un délice ! Excellente alternative aux sodas gorgés de sucre, des fontaines d'eau parfumée sont en self-service – celle à l'orange-citron-menthe est ultra rafraîchissante. Les néo-snacks ont le vent en poupe !

2, quai des Queyries / Tram A Stalingrad
09 83 21 23 53
Fermé le samedi et le dimanche
Possibilité de commander à l'avance par téléphone

So british!

BAGEL ET GOODIES

Une petite faim ? Claire et Arnaud approvisionnent depuis plusieurs années les habitants de la rive droite en douceurs sucrées et salées. Cuisinière de formation, c'est la maman anglaise de Claire qui lui a donné l'envie de confectionner ses bagels sur place, dans la plus pure tradition britannique. Et puis il y a les « goodies » bien sûr (comprendre douceurs sucrées réconfortantes) : muffins, rolls et cheesecakes à tous les parfums, au spéculoos, à la pistache, au citron vert... selon l'humeur et la saison ! Les jours de beau temps, la courette arrière est l'endroit rêvé pour prendre son temps.

53, cours Le-Rouzic / Tram A Thiers-Benauge
05 56 40 03 51
bagelandgoodies.fr
Fermé le samedi et le dimanche

Comme un air de plage

Visibles depuis les quais de la rive gauche, les jardins verdoyants de la Bastide font rêver les Bordelais. Ils sont un refuge pour citadins stressés en manque de chlorophylle. Le long du quai des Queyries s'étire le parc aux Angéliques jusqu'au pont Chaban-Delmas, avec ses prairies fleuries et son aspect champêtre. Il flotte un doux parfum de vacances à **La Guinguette Chez Alriq** (photo ci-dessous), où les lampions et cabanons pour se restaurer au bord de l'eau évoquent les bals musette d'antan. Pour un moment plus intimiste, le restaurant sur pilotis **L'Estacade** (photo ci-contre), véritable institution depuis plusieurs générations, offre un repas de chef (Frédéric Montemont) avec une vue panora mique sur la façade maritime de Bordeaux à couper le souffle. Enfin, pour un plateau de fruits de mer les pieds dans le sable et le cocktail à la main, direction **Les Chantiers de la Garonne**, le très balnéaire restaurant de Darwin.

L'ESTACADE

Quai des Queyries
(en face du journal *Sud-Ouest*, au numéro 23)
Tram A Stalingrad
05 57 54 02 50
lestacade.com
Ouvert tous les jours

LA GUINGUETTE CHEZ ALRIQ

Quai des Queyries, Port Bastide
(en face de Darwin, au numéro 87)
Tram A Stalingrad
05 56 86 58 49
laguinguettechezalriq.com
Ouvert de mai à septembre

LES CHANTIERS DE LA GARONNE

21, quai des Queyries
Tram A Stalingrad
05 47 79 84 70
Fermé le lundi et le mardi

Envolée gastronomique

L'OISEAU BLEU

Cette belle adresse, connue des fins gourmets, est un peu l'oiseau rare rive droite. Sise dans une élégante demeure en pierre de taille, la salle de restauration intimiste dévoile une superbe terrasse surplombant un jardin. Difficile d'imaginer que l'endroit était autrefois un poste de police – dont il ne reste qu'une cellule de dégrisement faisant office de cave à vin (350 références) ! En cuisine, Frédéric Lafon élabore des mets savoureux, inventifs et frais ; en salle, Sophie dispense des conseils sur la carte des vins. Une partition de haute volée, jouée sans fausse note.

127, avenue Thiers / Tram A Jardin-Botanique
05 56 81 09 39
loiseaubleu.fr
Fermé le dimanche et le lundi

Mon ami basque

BOBI

Dans le quartier est de la Bastide, tout le monde connait Hervé, alias Bobi, la mascotte de la rue de la Benauge. On ne vient pas uniquement chez lui pour sa délicieuse épicerie basque, on s'y rend aussi pour papoter, confier ses clefs, retrouver des amis. Mais c'est toujours l'occasion de partager un saucisson sur fond de musique jazzy, d'emporter un pâté de porc au piment d'Espelette, de réserver une tomme de brebis ou de choisir son thé en vrac favori. Épicerie, primeur, sandwichs, Bobi côtoie le fleuron des fournisseurs français – qui le lui rendent bien... Demandez les yaourts « présidentiels », il se fera un plaisir de vous conter l'histoire des Le Fierbois, qui seraient appréciés jusqu'à l'Élysée.

111, rue de la Benauge / Tram A Jardin-Botanique
05 40 05 07 39
Fermé le dimanche

Des légumes à la caserne

L'ÉPICERIE DU MAGASIN GÉNÉRAL

L'Épicerie bio du Magasin Général (voir aussi p. 143) de Darwin est la plus complète et généraliste du quartier. Dans ce grand local abrité dans une ancienne caserne militaire, vous trouverez plus de 5 000 références. Des fruits et des légumes de saison, locaux pour la plupart, présentés dans des grands bacs en bois, mais aussi du vrac, du pain, des confiseries, du fromage et de la charcuterie, le tout dans une ambiance presque villageoise. Ajoutons à cela une jolie sélection de cosmétiques certifiés bio, de l'herboristerie et des produits d'entretien avec, çà et là, quelques articles de décoration dans l'air du temps.

Darwin
87, quai des Queyries / Tram A Jardin-Botanique
05 56 77 28 37
darwin.camp
Ouvert tous les jours

Mon panier local

ÉPICERIE DOMERGUE

Delphine, ancienne brocanteuse gourmande, s'est lancée dans l'aventure de l'Épicerie. Dans cette échoppe de quartier pleine de charme, elle propose toutes ses trouvailles. Son plaisir ? Faire découvrir les petits producteurs régionaux et favoriser les circuits courts. Aussi, elle met un point d'honneur à s'interdire de fréquenter les grands salons « commerciaux » et à rencontrer personnellement tous ses fournisseurs. Ne manquez pas le « petit potager » du fond qui propose une jolie sélection de fruits et légumes, ni les ravioles au citron et les gnocchis farcis dans les plats à emporter.

24, avenue Thiers / Tram A Jardin-Botanique
05 56 86 84 70
Fermé le dimanche et le lundi

Toute l'Asie en rayon

LY KIM HAK

Ce supermarché asiatique est parmi les plus anciens et les plus vastes de la ville. Des fruits et des légumes frais exotiques, des pâtisseries, bonbons, sodas, potages instantanés, de la vaisselle et beaucoup d'épices. Mais aussi des sauces à gogo, des alcools et bières chinoises, du thé, des surgelés et quelques curiosités sucrées comme le gingembre et les kumquats confits. On adore les plats traiteur à emporter qui nous sauvent un repas entre amis improvisé. Un dépaysement ouvert tous les jours et à toutes les bourses.

33, avenue Thiers / Tram A Stalingrad
05 56 32 77 88
Ouvert tous les jours

Voyage géologique

JARDIN BOTANIQUE

Le Jardin botanique de Bordeaux est un véritable havre de paix. Depuis 2003, ses quatre hectares de rochers, bassins et prairies nous permettent de découvrir toute la richesse des paysages naturels du Bassin aquitain au travers de reconstitutions inédites des milieux sauvages. La promenade extérieure gratuite complète idéalement la visite payante des serres dédiées aux climats méditerranéens. Un voyage dans le temps à la découverte des plantes et des sols de Gironde, remontant jusqu'au Crétacé ! Cerise sur le gâteau, on peut prendre place sur la terrasse ombragée du Caillou, pour un repas ou un simple rafraîchissement, en pleine nature au cœur de la ville.

Esplanade Linné / Tram A Jardin-Botanique
05 56 52 18 77
Ouvert tous les jours
Serres et salles d'expositions : 4 € tarif plein

Le Caillou du Jardin Botanique
06 85 99 32 42
lecaillou-bordeaux.com
Fermé le dimanche et le lundi

INDEX

INDEX

L'auteur et l'éditeur remercient
tout particulièrement :

- **Arborescence Sud Ouest** Marie-Hélène
- **Atelier L'Décors** Lise et Laurent
- **Belle Campagne** Adrien Bucquet et Manuel Dagens
- **Bellibulle** Laura Lobjoit
- **Bobi** Hervé (Bobi)
- **By So.M Cap Ferret** Sophie
- **Cabanes & Châteaux** Laurent Château et Jef du Sartel
- **CaféMadd** Bruno Clémente
- **Casa Blanca** Gildas
- **Chez Poulette** (marché des Capucins) Romain
- **Des Petits Hauts** Élodie
- **Do You Speak Français ?** Gaëlle et Maxime
- **Galerie Tourny** Nathalie San Augustin
- **Garopapilles** Tanguy Laviale et Gaël Morand
- **Hutong** Jason, Boris et Stéphanie
- **InterContinental Bordeaux - Le Grand Hôtel** Élodie Buquet
- **Jade Design** Carine et Kiet
- **Jane de Boy** Georges Simon
- **Japan Market** Toute l'équipe
- **Koeben** Peter et Lucien
- **Kuro** Pascal
- **L'Atelier de Coloration** Arthur (et Lennon)
- **L'Oiseau Bleu** Frédéric Lafon
- **La Cagette** Tim
- **La Cave d'Antoine** Antoine
- **La Garde-Robe de Marie-Claire B.** Marie-Claire
- **La Maison du Japon** Takenori et Françoise Shindo
- **La Pelle Café** Carlos et Paola
- **La Tupina** Pauline Xiradakis et Franck Audu
- **Le Boudoir de Sophie** Sophie et son équipe
- **Le Goût du Papier** Audrey et Aurélie
- **Le Local** Audrey et Aurélie
- **Le Nez Insurgé** Dorothée
- **Le Poulailler d'Augustin** Augustin
- **Le Tisanier d'Oc** Charles et son fils
- **Les Bains de Cléopâtre** Annabelle Rey
- **Les Sisterettes** Céline et Amandine
- **Mademoiselle L'Insolente** Carine
- **Matsaï Mara** Mathilde
- **Popeline Atelier** Martine et Isabelle
- **Shoes Art** Joelle et Virginie
- **Spray Bordeaux** Olivia Pambrun
- **Yoga Bikram** Alain Cadet
- **Yvonne** Isabelle, Loïc et Olivier

CRÉDITS PHOTOS

Toutes les illustrations sont © Catherine Prat de Seabra.

Toutes les photographies sont © Laura Prat de Seabra sauf : © Anthony Logeais (Bordeaux Trip) ; © Ardfern/Wikipédia Commons (Rue Notre-Dame) ; © Au Pétrin Moissagais ; © Aurélien Benjamin (Halles de Bacalan) ; © BAAAM ; © Bellibulle ; © By Jef (Cabanes & Châteaux) ; © Casa Blanca (Gyoza Factory) ; © Châteaux et Hôtels Collection (La Tupina) ; © Chez Dupont ; © Damien Aspe (Base sous-marine) ; © Darwin (Chantiers de la Garonne) ; © Do You Speak Français ? ; © DR (Bagel et Goodies) ; © DR (Marché de Lerme) ; © DR (Utopia) ; © E. Gabily (Bistrot-Réfectoire du Magasin Général) ; © Eudes Métivier (Une Faim de Loup) ; © Fille à Papa ; © Grand Hôtel InterContinental (Night Beach) ; © Happen/DR (La Mauvaise Réputation) ; © Hutong ; © Jane de Boy , © Jardin Botanique ; © Juliena ; © L'Estacade ; © L'Estacade.jpg ; © La Boulangerie (Bordeaux Saint-Michel) ; © La Course ; © La Grande Poste ; © Le Petit Commerce ; © Les Bains de Cléopâtre ; © Les Bains de Léa ; © Les Sauvages (L'Épicerie du Magasin Général) ; © Mademoiselle L'Insolente ; © Mairie de Bordeaux/Benjamin Regnier (Musée des Arts décoratifs et du Design) ; © Mama Shelter ; © Max Bordeaux ; © Miam ; © Mike Stilkey (Station Ausone) ; © Miremont ; © Palo Alto ; © Pauline Lafaye (Éditions Vétiver) ; © Quentin Salinier (Marché des Chartrons) ; © Racines ; © Sacha Rives (Le Goût du Papier) ; © Shutterstock (Chartrons by night) ; © Shutterstock/Elena Pominova (La Cité du Vin) ; © Shutterstock/Philip Bird (La Cité du Vin) ; © Sophie Moine (By So M) ; © Spok ; © Spray Bordeaux (Maison Sersk) ; © Thaï Paradise ; © Véronique Panajol (Épicerie 41) ; © Vincent Bengold (L'Oiseau Bleu) ; © Yoga Bikram Bordeaux.

Nous avons indiqué systématiquement les sites Internet des lieux, mais ceux-ci possèdent le plus souvent également une page Facebook.

Direction éditoriale : François Besse
Suivi éditorial : Sandrine Gulbenkian & Mathilde Kressmann
Relecture-correction : Aude Payzan et Aude Gandiol
Direction artistique : Isabelle Chemin
Maquette : Julie Hiet

Achevé d'imprimer en France en avril 2018
sur les presses de l'imprimerie SEPEC, à Péronnas - 12533180101

ISBN : 978-2-35179-140-0
Dépôt légal : avril 2018

PEFC™ 10-31-1470 / Certifié PEFC / Ce produit est issu de forêts gérées durablement et de sources contrôlées. / pefc-france.org